나의 문학 답사 일지

나의 문학 답사 일지

배움을 찾아 떠난
국문학자의 여행

정병설 지음

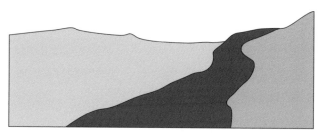

문학동네

차례 집을 떠나며 007

집을 떠나며

여행은 위대하다. 석가모니의 출가와 성불, 원효의 유학 여행 도중 각성, 연암 박지원의 연행과 북학의 깨달음이 보여주는 것처럼, 인간의 위대한 깨달음 중에 여행에서 비롯된 것이 적지 않다.

나는 여행을 좋아해서 지금까지 국내외 여기저기를 꽤 다녔다. 특히 지난 한 해는 안식년을 맞아 유럽으로 가서 더이상 원이 없을 정도로 여행을 다녔다. 유럽은 그전에도 이미 십여 차례 다녀왔으나, 이번에는 베를린자유대학을 거점으로 삼아 스페인 살라망카대학, 이탈리아 시에나외국인대학, 덴마크 코펜하겐대학, 독일 보훔대학 등 여러 나라 여러 대학의 초청을 받아 방문했고, 여기에 더하여 아테네, 바르셀로나, 프라하, 부다페스트, 아이슬란드 등지를 따로 다녀왔다. 이미 다녀온 곳이 적지 않아서 더 보고 느낄 게 있을까 싶었지만 그건 공연한 걱정이었다. 이전에 갔던 곳도 다시 가니 보이는 것이 달랐고 느낌 또한 전과 같지 않았으며 새로운 곳에서는 인간에 대해, 사회에 대해, 역사에 대해 큰 깨달음을 얻었다.

지난 학기부터 '한국문학과 여행'이라는 과목을 맡아 가르쳤다. 이 과목은 갑자기 맡은 것이 아니다. 오래전부터 언젠가는 여행에 대한 책을 쓰거나 강의를 할 것으로 생각하고 준비해왔다. 우리 학생들에게 여행에 대해, 여행문학에 대해, 또 내가 여행을 통해 깨달은 것에 대해 가르치고 토론했다. 인간은 도대체 왜 그렇게 여행을 떠나려 하며 자기의 여행 체험을 알리려고 하는지, 또 여행 경험은 어떻게 하면 잘 표현할 수 있을지 학생들과 머리를 맞댔다. 인류 최초의 이야기인 『길가메시 서사시』는 영웅 길가메시가 영예와 영생을 얻기 위해 지구 끝까지 그리고 저승까지 다녀온 이야기를 그린다. 태초부터 인간은 여행에서 삶의 의미를 찾는 '여행하는 인간'이었다. 여행을 하는 한, 인간은 인간일 수 있다.

이 책의 주 여행지는 먼 해외가 아니라 우리가 사는 한국이다. 따라서 현장, 혜초, 마르코 폴로, 이븐 바투타가 전한 것과 같은 어마어마한 정보도, 나혜석, 김찬삼, 한비야가 보여준 세계일주나 오지 탐험의 놀라움도, 전혜린과 김화영 등 지난 세대 유학생들이 그린 낭만이나 여유도 이 책에서는 찾기 어려울 것이다. 여행을 통해 얻은 작은 발견과 깨달음 정도만 전할 것이다. 여행서에는 정보형, 모험형, 감성형, 의미형의 네 유형이 있다. 이 책은 여행의 의미를 기술하는 데 주력했다.

팬데믹 기간 동안 책의 초고를 집필한 것은 어쩌면 행운이었다. 사실 확인차 국내 곳곳을 다시 다녀야 했는데, 방역 지침을 따르느라 널리 답사 팀을 꾸릴 수 없어서 매달 한 번씩 아내, 그리고 처형 내외와 네 명이 한차로 다녔다. 어디든 군말 없이 가자는 곳으로 따라와주었을 뿐만 아니라 언제나 내 해설에 귀를 기울였고 또 4인 한 상의 풍요로운 식탁을 만들어준 아내 김은옥, 처형 김은주, 동서 안병준 님께 감사를 전한다. 여행은 어디를 가느냐 이상으로 누구랑 가느냐가 중요하다는 평소의 지론을 다시 확인했다. 우리가 얻은 깨달음을 이 작은 책을 통해 독자와 나누기를 희망한다.

2022년 9월 16일 애독자 한 분을 잃었다. 아버지는 생전에 내 책을 가장 정성껏 읽으셨고 아들의 토막글이나 동정을 다룬 보도가 있으면 샅샅이 찾아 모아두셨다. 이 책을 사랑하는 아버지 정욱상 님께 바친다.

2023년 4월
긴 팬데믹에서 벗어나 다시 세상을 탐험할 벗들을 위해
정병설 쓰다

여행을 향한 갈망

나는 어릴 때부터 지도책이 좋았다. 학교에서 참고서로 나눠주는 세계지리부도를 펼쳐놓고 한참을 바라보며 세계를 돌아다니는 꿈을 꾸었다. 그 무렵 김찬삼[1926~2003] 교수의 세계여행기가 많이 읽혔는데, 그때는 도저히 갈 수 없을 것만 같던 아프리카나 남아메리카에서 그분이 겪은 이야기에 푹 빠졌다.

여행에는 언제나 새로운 이야기가 있으니 여행과 이야기는 둘이면서 하나처럼 여겨졌다. 여행은 이야기를 만드는 과정이고 이야기는 말로 펼쳐놓은 여행이다. 여행을 좋아하는 사람이라면 이야기를 좋아하기 마련이고 이야기를 좋아하는 사람은 으레 여행을 좋아한다.

한국인은 예로부터 여행을 좋아했다. 17세기 조선에 표류해온 네덜란드 사람 하멜은 조선 사람들은 호기심이 많아서 자기 일행의 이야기 듣는 것을 아주 좋아하더라고 말했다. 그래서 조선인에게 이야기를 들려주는 것을 생계로 삼기도 했다고 했다. 19세기 중반 선교를 위해 조선에 잠입한 프랑스인 천주교 신부도 비슷한 말을 했다. 샤를 달레의 『한국천주교회사』[1874]에서 다블뤼 주교는 "조선 사람들은 천성이 돌아다니기와 이야기하기를 좋아한다"고 적었다. 유럽인들이 가장 왕성하게 세계를 돌아다니던 시기에 그 사람들 입에서 이런 말이 나올 정도로 조선인들은 여행을 좋아했다. 표류해온 사람들에게 외국 이야기 듣기를 좋아하는 사람이라면 기회가 생기면 반드시 국외로 나갈 것이다. 내 핏속에는 이미 뜨거운 여행 유전자가 흐르고 있다.

여행으로 다시 태어나다

전근대 조선 사람들은 밖으로 나가 넓은 세상을 보고 싶어도 그럴 수 없었다. 늘 읽고 배우는 책의 고향으로 동경하는 중국조차 가볼 수 있는 사람이 극히 적었다. 『논어』 『맹자』 등 경전도 중국 것이고 역사를 공부해도 거의 중국사만 보며 두보와 이백의 한시를 외우고 한유와 소식의 산문을 따라 글을 짓고 즐겼건만, 극소수만 뽑히는 사신단에 들지 못하면 중국으로 갈 길이 없었다. 그래서 고대 중국은 잘 알지만 당대 중국은 전혀 모르는 실정이었다. 그것도 조선시대 사신단 일행은 수도 베이징 정도만 갈 수 있었고, 역사와 문학의 주 배경이 되는 상하이 부근의 이른바 강남 지역은 바다에서 배가 난파하여 표류하지 않으면 갈 수 없었다.

실질적 쇄국 상태였던 조선에서, 여행에 대한 지식인의 갈망을 가장 잘 보여주는 글은 연암 박지원의 『열하일기』 서두 부분에 실린 이른바 「울기 좋은 곳^{好哭場}」이다. 박지원은 서울을 출발하여 개성, 평양, 의주를 지나 국경을 넘어 청나라에 들어선 다음 드디어 요동 벌판으로 진입하려는 순간에 여기가 참 울기 좋은 곳이라고 했다. 왜 그랬을까? 왜 박지원은 중국에 들어서자마자 울고 싶다고 했을까?

『열하일기』는 제목부터 특이한 책이다. 보통의 중국 사행록처럼 연경 곧 베이징을 다녀왔다는 뜻의 연행록이라고 하지 않고 열하를 다녀온 이야기라는 뜻으로 '열하일기'라고 했다. 중국으로 가는 사신들은 보통 베이징까지만 다녀오는데 마침 청나라 황제가 베이징 북동쪽 열하의 별장에 가 있는 바람에 박지원 일행은 황제 알현을 위해 그곳까지 다녀왔다. 고등학교 국어 교과서에도 실렸던 「하룻저녁에 아홉 번 강을 건너다一夜九渡河記」는 베이징에서 열하까지 가는 도중에 있었던 일을 쓴 것이다. 생사를 넘는 위험까지 감수하며 물이 불어난 강을 건너 선배들은 가보지 못한 황제의 별장지까지 찾아갔다는 뿌듯함이 담긴 글이다. 그래서 '연행록'이라고 하지 않고 굳이 '열하일기'라는 제목을 붙였다.

박지원은 사실 정식 사신도 아니고 그저 사신의 수행원에 불과했다. 팔촌 형인 박명원이 사신이 되자 자제군관의 자격으로 따라갔다. 박명원은 영조의 사위이자 명필로도 유명했지만 박지원은 벼슬에 나가지 못한 한미한 선비에 불과했다. 평소 박지원의 관심과 재능을 알고 있던 친척 형이 그를 데려가려 했고, 박지원 또한 명문가 자제로서 하급 무관의 군복을 입는 것이 부끄러울 수도 있었겠지만 가고 싶은 마음이 앞서 흔연히 길을 나섰다.

박지원은 여행을 떠나기 한참 전부터 중국을 간절히 꿈꾸었다. 어릴 때부터 중국문화에 깊이 빠진데다, 김창흡, 홍대용과 같은 선배 학자들의 중국여행기를 읽으며 떠날 날을 갈망했다. 이미 충분히 공부가 되어 있었기에 요동 벌판에 들어서면 어떤 볼거리가 나타날지 그는 훤히 알고 있었다. 몇 리를 더 가면 흰 탑이 나올 것이라는 둥, 또 몇 리를 더 가면 무엇이 나올 것이라는 둥, 무엇을 보아야 하고 어디에 놀라야 할지 한 번도 가보지 않았지만 목적지를 훤히 꿰고 있었다.

드디어 조선에서는 좀처럼 볼 수 없던, 아득히 지평선이 펼쳐진 벌판이 나타났다. 첩첩한 산이 산맥을 이루어 달리는 조선과는 다른 광대무변의 자연, 좁고 외진 조선을 벗어나 비로소 넓은 중화의 선진 세계에 들어왔다는 감격. 꿈에도 그리던 동경하던 곳에 처음 들어서니 눈물이 쏟아졌다. 실제 울지 않았다 해도 마음은 이미 눈물바다였다. 그 울음의 의미를 갓 태어난 아기에 빗대었다. 아기가 세상 밖으로 처음 나오면 새로운 세계에 대한 놀람과 감격으로 울지 않을 수 없다. 요동벌은 박지원을 다시 태어나게 한 새로운 세계였고 그 세계에서 박지원은 아기였다.

여행을 통한 발견과 깨달음의 갈망이 이처럼 간절한 글은 찾기 어렵다. 이후 이 글은 새로운 세계를 향한 모험과 도전을 말할 때 곧잘 인용되었다. 여행으로 다시 태어난다는 것은 여행 이전과 이후의 삶이 완전히 달라진다는 말이다. 열하를 여행하고 돌아온 박지원은 그전의 삶을 살지 못했다. 이미 출발 전부터 각성의 씨앗을 품고 있었지만, 강렬한 체험으로 그는 전과는 다른 인간이 되었다. 지식인의 내면은 혁명을 겪었지만 현실의 질곡은 조금도 바뀌지 않았으니 좌절하지 않을 수 없었다. 여행을 떠나기 전의 박지원은 죽었고, 요동 벌판에서 다시 태어난 박지원은 현실에 적응하지 못하는 반사회적 존재로 힘없이 살아갈 수밖에 없었다.

전 재산을 던진 여행

여행을 향한 간절함은 지식인만의 것은 아니었다. 18세기 말 정조 때 제주도에 대기근이 닥쳤을 때 뜻밖에도 만덕이라는 기생이 거금을 출연해 궁민을 구제했는데, 지위 높은 관리도 아니고 돈 많은 상인도 아닌 천한 신분의 기생이 막대한 재산을 쌓은 것도 신기하지만, 갖은 고생을 해서 번 돈을 선뜻 기부한 것은 그 이상으로 놀랍다. 임금이 칭찬하며 소원을 말해보라 하니 만덕은 금강산과 궁궐을 보고 싶다고 했다. 전 재산을 거의 다 내놓고 말한 소원이 고작 국내여행이었다.

조선시대에 제주도 여성은 육지로 가지 못한다는 법이 있었다. 여성이 섬을 떠나면 섬은 곧 죽은 땅이 되니 그래서 나온 법이겠지만 여성들은 좁은 섬에 갇혀 사느라 답답했을 것이다. 육지에서 온 벼슬아치나 상인들이 들려주는 이야기는 호기심을 더욱 키웠으리니, 도대체 그 아름답다는 금강산은 얼마나 대단하며 호화를 자랑하는 궁궐은 얼마나 멋질지, 자기가 가진 모든 것을 내놓고서라도 보고 싶었던 듯하다.

만덕에 대해서는 남아 있는 거의 모든 기록이 칭찬 일색이지만, 부정적인 평가가 영 없지는 않다. 심노숭은 「계섬전」에서 만덕이 기생으로 부를 쌓을 때 빚진 남자들의 바지까지 벗겨 빼앗았다는 말을 전하며, 기부를 한 것은 홀몸으로 재산을 물려줄 데도 없던 차에 평생소원인 여행의 꿈이나 성취하고자 그랬노라고 했다. 심노숭의 비판은 기생과 기부에 대한 몰이해를 보여준다. 인간 이하의 대접을 받으며 아무것도 믿고 의지할 데 없는 기생이 인정사정 보지 않고 돈을 번 것이 무슨 큰 잘못이며, 자기가 번 돈을 모두 내놓는 선행을 하고 빈 소원에 처음부터 이기적 동기가 담겨 있었으리라 억측하는 일이 과연 옳을까 싶다. 18세기 조선은 너도나도 금강산 여행을 가던 시기였으니, 만덕 또한 그 행렬에 끼고 싶었을 것이다. 만덕에게 여행은 전 재산을 걸 만한 일이었다.

멀리서 온 벗

나는 박지원이나 만덕처럼 여행이 절실하지 않았다. 그만큼 폐쇄된 시대를 살지 않았다. 그래도 지금에 비하면 놀랄 정도로 깜깜히 닫힌 시대를 살았으니, 처음 공항을 가서 비행기를 탄 것이 1993년 신혼여행 때였다. 물론 얼마간의 해외 유학생도 있었고 상사원으로 또 건설노동자로 해외에 나가는 사람도 있었다. 문학연구자로서 해외 유수의 대학에서 선진 학문을 배우고 싶었지만 내게 그런 기회는 오지 않았다. 다행히 멀리서 한국까지 찾아와 학문적 교류를 청한 벗이 있었다.

1995년 당시 하버드대학 박사과정 학생이었던 임마누엘 페스트라이쉬^{한국명 이만열}가 내가 공부하던 서울대학교에 연구생으로 왔다. 그는 내 박사 지도교수이신 이상택 선생님을 찾아가 한국고전소설을 함께 읽을 학생을 구해달라고 요청했다. 지도교수께서는 여러 학생 중에 맨 먼저 나를 찾았다. 내가 카투사로 미군 부대에서 근무했기에 다른 학생들보다 그와 소통하기 나을 거라고 생각하셨다. 임마누엘은 자기를 도와주는 사람에게 얼마간 사례를 하겠다고 했지만 나는 필요 없다고 했다. 돈을 내고라도 미국에 가서 공부하고 싶었는데, 미국 친구가 함께 책을 읽자고 하니 돈을 받을 이유가 없었다. 좋은 기회를 혼자 누릴 수 없어서 후배들에게도 함께 읽자고 권했지만 자기 시간을 빼앗길 거라 생각했는지 나서는 사람이 없었다.

나는 임마누엘을 만나서 제안했다. 매주 한 번씩 만나되 나는 한국문학을 영어로 소개하고 당신은 미국의 중국문학 연구 성과를 한국어로 얘기하면 좋겠다고 했다. 서로 자기 전공을 가르치면서 동시에 외국어 발표 훈련까지 겸하게 했다. 그는 매주 공책 크기만한 종이에 한 면 가득 질문을 적어왔고 나는 그 대답을 위해 공부했다. 유대계 미국인인 임마누엘은 유대인의 전통적 질의토론식 학습법인 하브루타가 익숙해서 그런지 늘 내게 질문을 던졌다. 이때 나는 질문이 사람을 얼마나 빨리 성장시킬 수 있는지 깨달았다. 나도 자극을 받아 질문을 만들었고 만나면 둘이 서로 던지는 질문이 그치지 않았다. 하루는 그가 "병설씨, 조선시대 소설사는 19세기에 어떻게 되었어요?" 물었는데, 이 질문에 답하기 위해 나는 소논문 하나를 썼다. 한국의 조선시대 문학연구자들은 문학사를 세기로 나누어 묻지 않으니 연대기가 정확하지 않기 때문이다. 그런 사정을 모르고 던진 임마누엘의 질문은 우리 문학사를 다르게 바라보게 했고 문학사를 더욱 정치하게 만들었다.

하루는 그가 할말이 있노라고 했다. 하버드대학의 지도교수인 스티브 오웬이 자기를 한국으로 보내면서 세 가지를 당부했다고 했다. 매일 한국 신문을 읽고, 한국고전소설을 원문으로 읽으며, 박사논문의 절반을 완성해 오라고 했다는 것이다. 아직 한국어가 서툰 학생에게 무리한 요구라고 할 수밖에 없는 지시였다. 특히 두번째 요구 사항이 심했다. 한국 학생들도 잘하지 못하는 것을 한국어를 막 배우는 제자에게 요구한 것이다. 하버드대학의 학문 수준을 절감할 수 있는 대목이었다. 학문 수준이 높은 대학은 미국이든 유럽이든 일본이든 모두 원전 중심주의, 원자료 우선주의를 기본으로 삼는다는 것을 나중에 알았다.

임마누엘은 자기 사정이 이러니 종일 공부를 해도 시간이 부족하다고 했다. 그러면서 또 자기는 예일대학을 다닐 때 타이완으로 연수를 다녀온 일이 있고 석사과정은 도쿄대학에서 밟았는데, 동아시아로 유학을 올 때마다 자기에게 영어를 배우겠다는 사람과 고액을 제시하며 영어 강사를 제안하는 학원의 유혹이 많았지만 외국에서는 절대 영어를 사용하지 않는다는 원칙을 세워 지켰다고 했다. 그런데 이번에 처음으로 이 원칙을 깼다고 했다. 그러면서 매주 함께하는 공부를 한국어로만 진행할 수 없겠냐고 요청했다. 얄미운 마음이 들지 않았던 것은 아니지만 그의 철저함에 감복했고 마침 어느 정도 둘의 공부가 정리되는 시기이기도 해서 멀리서 와준 그의 뜻을 존중하기로 했다.

그는 활동적인 사람이어서 국내외 여러 사람과 네트워크

를 만들었다. 특히 당시 서울대학교 영문학과 박사과정생이던 유희석 선생과 이화여자대학교 중문학과의 정재서 교수와 함께한 소모임이 유익했다. 국문학 박사과정생, 영문학 박사과정생, 동아시아문학 전공의 미국인 박사과정생 그리고 중문학 교수 넷이 전공과 연령을 뛰어넘어 이화여자대학교 교수휴게실에서 만나 각자의 전공 분야에서 함께 나눌 만한 부분을 간단히 설명한 후 토론했다. 나는 이 자리에서 영문학과 중문학의 세계를 여행했으며, 미국과 유럽의 학문 세계를 돌아다녔다. 아직 한국 밖 대학을 한 군데도 가보지 못했지만 이미 머릿속에서는 세계 유수의 대학에서 유학하고 있었다. 돌이켜보면 미숙했지만 그 시절 멀리 외국에서 찾아온 벗과 만나던 때가 나의 학문적 황금기였다.

남원, 소설의 고향

남원은 한국소설의 고향 같은 곳이다. 소설사에서 한국 최초의 소설로 받아들여지기도 한 김시습의 『금오신화』에 실린 가장 흥미로운 단편인 「만복사저포기」의 배경이 남원이고, 한국고전문학 중 최고의 인기를 구가한 『춘향전』 역시 그렇다. 최초와 최고의 소설이 모두 남원을 배경으로 한다. 이 밖에 최근 고등학교에서 많이 읽히는 「최척전」의 주배경 역시 남원이다. 대표적인 고전소설이 모두 남원을 배경으로 삼고 있는데도 그 이유가 무엇인지 묻는 사람을 보지 못했다. 2018년 나는 국립중앙도서관에서 주관한 '인문열차, 삶을 달리다'의 안내자가 되어 이 물음에 대해 내 나름의 답을 마련하고자 했다. 이 프로그램은 고속열차를 타고 서울에서 남원까지 당일 여행을 다녀오는 것으로, 시간이 좀 빠듯하지만 서울에서 남원까지 두 시간 남짓이면 도달할 수 있으니 아주 힘들지는 않았다.

남원은 태백산맥의 고봉준령이 남으로 달리다 멈춘 한반도 최남단의 명산 지리산을 낀 명승지이다. 산이 끝나는 지점일 뿐만 아니라 남해에서 하동, 구례로 섬진강을 따라 내륙으로 들어오는 물의 흐름이 크게 한 번 꺾이는 곳이기도 하다. 산과 물이 만나는 요지에 자고로 전라좌도의 대처로 당당히 남원부라는 이름을 가진 곳이 있었다.

그 옛날 오래전에는 이곳이 마한이었는지 변한이었는지 백제였는지 신라였는지도 분명하지 않다. 다만 문헌에서는 백제의 고룡군古龍郡 또는 대방군帶方郡이었다고 전한다. 최근의 고고학적 발굴로 '운봉 가야'의 존재가 강하게 드러나는데, 이는 독자적 정치세력을 유지한 남원의 가야 정권이 백제와 신라로 편입되었다가 통일신라로 넘어갔음을 보여준다. 통일신라 이후 전국에 오소경五小京을 설치할 때 이곳은 '남원경南原京'이라는 이름을 얻었는데, 고구려 유민들의 나라인 보덕국報德國을 파하고 그 주민들을 이주시켜 설치했다고 전한다. 왕경인 경주 외에 원주에 북원경, 충주에 중원경, 청주에 서원경, 김해에 금관경을 둔 것과 함께 남원에 작은 서울을 두었으니 그만큼 중요한 곳이었다. 뒤에 도호부가 되어 그 아래에 담양부, 순창군, 운봉현, 창평현, 임실현, 무주현, 진안현, 용담현, 장수현, 곡성현, 옥과현을 거느렸다. 현재 전라도라는 이름은 지역의 대처인 전주와 나주의 첫 글자를 딴 것이다. 한때 전라도는 전남도 또는 광남도로 불리기도 했으니, 전주와 남원, 광주와 남원이 병칭될 정도로 남원은 큰 고을이었다.

『남원읍지』와 함께 1872년 그려진 〈남원부지도〉를 보면, 한때 작은 서울이었던 남원의 옛 모습을 찾을 수 있다. 지금은 허물어진 성곽의 일부만 남아 있지만 지도에는 통일신라시대부터 내려왔다는 정사각형 모양 성이 온전히 그려져 있다. 읍성 남쪽에는 성민의 젖줄인 요천이 흐르고 북쪽은 교룡산이 지키는, 서울과 같은 배산임수의 지세다. 서울에 종묘와 사직이 있고 또 통치 이념을 맡은 성균관 곧 문묘가 자리하는 것처럼, 남원에도 지역을 떠받치는 신앙 체계가 존재한다. 성황당, 사직단, 그리고 대성전이다. 성황당은 마을 신을 모신 곳으로 국가를 지키는 조상신을 모신 종묘의 기능을 하고, 사직단과 대성전은 각각 사직, 문묘와 같은 역할을 한다. 심지어 제사를 못 받는 귀신을 위한 여제단厲祭壇과 관우를 모신 관왕묘까지, 신앙 체계를 서울만큼이나 제대로 갖추었으니 이는 지방에서 흔한 일이 아니다. 행정구역 명칭도 남원은 '동'이 아니라 당나라 수도 장안이나 서울처럼 '방坊'을 공식적으로 사용했다. 종교적으로나 행정적으로나 남원은 영락없는 서울이었다.

이렇게 번성하던 곳이 현재는 갈수록 인구가 줄어 시를 유지하기도 어려운 지경이 되었다. 1789년 조선의 공식적인 인구 통계라고 할 수 있는 『호구총수戶口總數』를 보면 조선 인구를 총 7,403,606명으로 집계했는데, 이 가운데 남원 인구는 원호元戶가 11,157개, 인구는 43,411명이라고 했다. 대체로 『호구총수』의 인구는 실제 인구의 절반쯤으로 볼 수 있는데, 남원 인구도 사정이 다르지 않다면 구만 명 정도로 추정되니, 이는 2023년 2월 현재 남원 인구 77,672명보다도 오히려 많다. 한반도의 인구가 그때보다 다섯 배는 늘었는데 남원 인구는 오히려 줄었다.

「만복사저포기」와 황산대첩

남원역에 내려서 버스로 갈아타고 운봉읍 황산 아래에 있는 비전^{碑殿}마을로 간다. 고려 말 남원 지역은 왜구의 피해가 컸다. 남원은 지리산 밑 깊은 내륙에 위치하는데 어떻게 왜구가 그렇게 깊숙이 들어왔을까 싶지만, 남해에서 섬진강을 타고 올라오면 그리 멀지 않은데다 남원을 점령하면 호남의 곡창 지대를 쉽게 손에 넣을 수 있으니 호시탐탐 넘봤을 것이다. 정유재란 때 일본군이 먼저 남원성을 점령해 내륙 침략의 교두보로 삼은 것도 이런 이유에서다.

고려 말 왜구 창궐의 종지부를 찍은 사람은 태조 이성계다. 1376년 최영이 충청도 부여 홍산에서 대승을 거두어 왜구의 활동을 가라앉혔고, 다시 전열을 가다듬어 들어오던 것을 1380년 최무선이 화포로 오백 척 왜선을 침몰시켜 막았다. 패잔병들은 먼저 상륙한 부대와 합류하여 경상, 전라 양도에 횡행했는데, 함양을 넘어 운봉으로 들어와 남원을 공격하려던 왜구를 이성계가 막았다. 당시 왜구는 아지발도라는 십오륙 세의 소년 장수를 앞세우고 있었다. 아지발도는 투구로 얼굴까지 철저히 감싸 화살로는 도저히 죽일 수 없었는데 이성계가 투구 끈을 쏘아 투구가 땅에 떨어지자 그 순간 부장 이두란이 머리를 쏘아 죽였다. 이로써 왜구의 예봉이 꺾였고 고려군이 승리했다.

처음에 적군의 수는 고려군보다 열 배나 많았다고 하며 나중에 전리품으로 얻은 말만 천육백 마리라고 한다. 물론 이 전투는 조선 건국시조의 공적에 해당하므로 어느 정도 과장이 있을 수 있겠지만, 그것을 감안하더라도 이 기록은 당시 남원이 큰 전장이었음을 보여준다. 태조 이성계의 승전을 황산대첩이라고 하는데, 대첩 후 전장 석벽에 이성계와 함께 고생한 사람들의 명단인 '동고록同苦錄'을 새겼다. 또 1577년에는 대첩비를 세웠는데, 동고록 석각과 황산대첩비는 안타깝게도 일제 말기인 1944년 일제에 의해 파괴되고 말았다. 일본에 대한 한국의 승리를 보여준 비석이 일본인을 불편하게 했던 것이다. 이후 동고록 석각은 보존 누각을 씌웠고, 파괴된 대첩비는 잔편을 수습해 비각에 두었다. 대첩비는 글자를 깨버려 읽을 수 없게 되었으나 다행히 그전에 만든 탁본이 남아 있어서 비문은 볼 수 있다.

아무 말도 못하는 비석이 겪은 역사도 안쓰럽지만, 역사를 읽는 후손을 더욱 안타깝게 하는 것은 무엇보다 전쟁의 위험과 아픔을 철저히 반성하지 못하고 이백 년 후 정유재란 때 남원성에 살았던 모든 사람이 몰살당하는 참변을 겪었다는 사실이다. 더욱이 이 몰살조차도 제대로 기억하고 반성하지 않아서 삼백 년이 더 지난 후에 이 땅이 아예 일본 손으로 넘어가버렸으니 도대체 침략과 피해의 역사를 반복하는 이유가 무엇인지, 황산벌에서 남원성에서 뼈저린 반성을 한다.

문학에서는 「만복사저포기」가 황산대첩을 역사적 배경으로 삼았다고 본다. 먼저 작품 줄거리를 보자. 전라도 남원의 양씨 총각은 어려서 부모를 여의고 만복사에 방을 얻어 외롭게 지냈다. 남원에서는 석가탄신일이 얼마 남지 않은 음력 3월 24일 만복사에 등불을 켜고 복을 비는 풍속이 있었다. 날이 저물어 인적이 드물어지자 양씨는 법당으로 들어가 불상을 상대로 윷놀이를 했다. 놀 사람이 없으니 불상과 혼잣말을 하며 내기를 했는데 자신이 이겼고 소원한 바대로 어떤 여자가 나타났다. 둘은 만나자마자 마음이 통해 통성명도 하지 않고 사랑을 나누었다. 이튿날 양씨는 여인의 거처까지 따라가 사랑을 나누었고 작별하면서는 그곳에 있는 여러 여성과 시를 주고받았다. 여인은 떠날 때 은 그릇을 주면서 자기 부모님을 만날 것을 당부했다. 양씨는 딸의 삼년상 제사를 지내러 보련사로 가는 귀족 행렬을 만났고 은그릇을 보여주어 자신의 말을 믿게 했다. 부모의 말이 딸은 2년 전 왜구의 난리에 죽었는데 개령사 골짜기에 임시로 묻었다가 지금 여기로 옮겼다고 했다. 양씨는 비명에 죽은 여인을 위해 정성을 다해 제사를 올렸는데, 어느 날 공중에서 여인의 목소리가 들렸다. 여인은 양씨의 정성스런 제사 덕분에 다른 나라에서 남자로 태어나게 되었다고 했다. 이후 양씨는 결혼을 하지 않았고 지리산으로 들어가 약초를 캐며 살았는데 그가 어떻게 세상을 마쳤는지는 아무도 모른다.

　양씨가 만난 여인은 왜구에게 살해당했다고 했는데 김시습 이전 남원 지역에 왜구가 출몰하던 시기를 보면 황산대첩 외에 다른 것을 생각하기 어렵다. 「만복사저포기」는 근 백 년 전 이 동네에 떠돌던 귀신 이야기를 글로 옮긴 것이라 할 수 있다. 김시습은 29세 때인 1463년 전라도 지역을 여행했는데, 이때 남원을 들러 「남원 광한루에서 피리 소리를 듣다南原廣寒樓上聞笛」 등 시 4수를 남겼다. 아마 이때 이 이야기를 듣지 않았을까 한다.

황산대첩비를 바라보고 오른쪽에 전설적인 판소리 명
창 송흥록과 박초월의 생가가 있다. 동편제 판소리의 길
을 연 송흥록은 귀곡성鬼哭聲으로 유명한데 그가 비전마을
출신이라는 사실이 우연으로만 여겨지지 않는다. 수많은
한국인과 일본인의 영혼이 떠도는 산 아래 시냇가 마을에
서 음혼陰魂과 함께 살아왔으니 그에겐 귀신 울음소리가 낯
설지 않았으리라. 송흥록의 소리는 북을 잡던 아우 송광록
에게 이어졌고 송광록은 송우룡, 송만갑, 송기덕으로 대를
내리며 소리를 전했다. 박초월은 송만갑 그리고 송만갑의
고수로 명창이 된 김정문에게 배웠다. 이렇게 남원의 소리
가 이어졌다.

이제 「만복사저포기」의 배경지인 만복사로 자리를 옮긴
다. 만복사는 옛날 남원성 서쪽에 인접하니, 산속 깊숙한
곳에 자리한 절이 아니라 마을에 붙어 있는 절이다. 지금은
이차선 도로 옆에 오층석탑 하나 남은 절터일 뿐이다. 「최
척전」에도 등장하는 만복사는 오랫동안 남원 사람들에게
정신적으로 신앙적으로 중심 장소였다.

정유재란과 「최척전」

　남원 역사에서 가장 중요한 사건은 정유재란 때의 남원성 함락이다. 1597년 8월 16일 오만 육천 명의 일본 주력군을 상대한 사천 명의 조선과 명나라 연합군은 총공세에 하루를 버티지 못하고 무너졌고, 성민 육천 명과 함께 몰살되고 말았다. 지금 남아 있는 '만인의총萬人義塚'은 칠천 명 조선인과 삼천 명 중국인의 합묘다. 남원성은 졸지에 하나의 큰 무덤이 되었다. 나중에 성으로 돌아온 사람들이 시신 약간을 수습해 성 중앙에 해당하는 옛날 남원역 자리에 묻었는데, 그것을 1964년 현재의 위치로 이전했다.

　후대인은 전몰한 사람들을 기려 충렬사忠烈祠라는 사당을 지었고 그들의 무덤을 의총으로 높였지만 그런 방식이 피해자들을 진정 영광스럽게 만들었는지 의문이다. 그들의 죽음을 진정 인간적으로 대접하려는 뜻이 읽히지 않고 처참한 죽음을 국가주의의 충성관 아래에 두려는 뜻이 보이기 때문이다. 만인의총이 언제부터 그 이름을 얻었는지 모르나, 조선시대 문헌에서는 잘 확인되지 않는다. 『조선왕조실록』을 보면 영조 때 이미 남원에 충렬사가 있음을 확인할 수 있고, 또 〈남원부지도〉에는 성내 객사 북쪽에 '정유재란 때 돌아가신 여덟 충신을 모신 제단丁酉亂死節八忠烈壇'이 적혀 있다.

조위한의 「최척전」은 정유재란 당시의 남원을 주 배경으로 삼고 있다. 「최척전」에서는 주인공들이 계속 피란을 간다. 만인의총 식의 충성관으로 보면 참으로 불충스러운 행동이지만 백성들은 국가주의 이념을 따르지 않고 목숨을 지키고자 하는 현실적 욕망에 따라 살았다. 소설은 이런 백성들의 현실 인식을 전쟁 중 가족 이산을 중심으로 생생하게 그린다. 아래에 먼저 줄거리를 소개한다.

남원성과 만복사 사이에 있는 마을에 사는 최척은 임진왜란으로 서울 청파동에서 피란을 와 성 남쪽에 사는 이옥영을 만나 어렵게 약혼한다. 그런데 최척이 의병장 변사정의 부하가 되어 전쟁에 나가자, 옥영의 부모는 이웃의 양씨를 사위로 맞으려 한다. 옥영이 최척의 말도 듣지 않고 혼약을 깨는 것에 반대해 자결하려고 하니 부모도 더이상 양씨와의 결혼을 주장하지 못한다. 최척은 이런 소식을 듣고 의병장의 허락을 받아 집으로 와서 혼인을 한다. 결혼 후 살림이 늘어 살 만한데 다만 자식을 얻지 못해 매달 만복사에서 기도한다. 옥영의 꿈에 만복사 장륙불대형 불상이 나타나 자식을 낳게 해주겠다고 한 후 몽석을 낳는다. 부부는 피리를 불고 시를 화답하면서 삶의 여유를 누리며 행복하게 산다.

마침내 정유재란으로 남원이 함락되자 최척 부부는 지리산 연곡으로 피란을 간다. 그 와중에 옥영은 일본군의 포로가 되어 끌려갔고, 최척은 남원으로 돌아와서 아내를 찾기 위해 명나라 장수 여유문을 따라 중국으로 간다. 옥영은 돈우라는 일본인을 따라 일본으로 가는데, 돈우는 불심이 깊은 사람이라 사람을 함부로 죽이지 않았다. 돈우는 배를 타고 다니며 장사하는 것으로 생업을 삼았으며 영리한 옥영을 사랑하여 잘 돌보아주었다. 다만 옥영이 피란 이후 계속 남장을 하여 그가 여인인 줄은 몰랐다. 포로가 된 옥영은 절망하여 여러 번 바다에 몸을 던져 죽으려 했으나, 그때마다 꿈에 만복사 장륙불이 나타나 나중에 좋은 일이 있으리니 죽지 말라고 말려서 그쳤다.

최척은 여유문의 고향인 지금 상하이 근처의 소흥에

와서 그와 의형제를 맺는데 여유문이 누이와의 결혼을 주선하자 사양한다. 여유문이 죽고 의탁할 곳을 잃은 최척은 도사를 찾아가 신선이 되려고 했으나 이루지 못하고 항주에 사는 친구 주우의 말을 듣고 장사를 시작했다. 하루는 상선을 타고 베트남 북부 지역인 안남安南으로 가서 어느 항구에 정박했는데, 거기서 옥영과 재회한다. 최척이 피리를 불자 옥영이 시로 화답하였는데 그 시는 전에 옥영이 지은 것이다. 최척은 옥영과 항주로 돌아와 살면서 몽선을 낳고, 몽선은 자라 정유재란 때 조선에 출전한 진위경의 딸 홍도紅桃를 아내로 맞는다. 최척 부부가 헤어진 지 20년도 더 지나 후금의 누르하치가 요양을 공격하자 명나라에서 군사를 모으는데 최척은 장수의 서기가 되어 출전한다. 그런데 명나라 군대가 대패하여 최척은 포로가 되었고, 포로수용소에서 명나라의 지원 요청에 따라 파견된 강홍립 부대의 일원으로 출전했다가 포로가 된 몽석을 만난다. 몽석이 태어날 때부터 몸에 지니고 있던 등짝의 붉은 점을 알아본 것이다. 기적적인 상봉 사연을 들은 조선 출신 간수의 도움으로 부자는 수용소를 탈출했고, 남원으로 향하던 최척이 종기로 거의 죽게 된 상

황에서 의술을 잘 아는 몽선의 장인 진위경을 만나 살아
난다. 진위경은 제독 유정의 휘하에 있다가 순천에서 군
법을 어기고 도망한 후 중국으로도 돌아가지 못하고 조
선을 떠돌고 있었다. 이리하여 진위경까지 모두 함께 남
원으로 와서 살게 되었다.

　한편 옥영은 명나라 군대가 패하였다는 소식을 듣고
자결을 시도하는데 또 만복사 장륙불이 꿈에 나타나 죽
지 말라고 막는다. 용기를 얻은 옥영은 아들과 며느리를
불러 배를 타고 남원으로 돌아가자고 한다. 아들 부부는
배를 준비하고 항해술을 익히면서 동시에 한국어와 일본
어도 공부하여 마침내 출항한다. 이들은 도중에 해적을
만나 배를 빼앗기기도 하지만 다행히 조선 수군통제사의
배를 만나 고향으로 돌아가 가족과 상봉한다. 작가 조위
한은 남원에 살면서 최척의 가족이 상봉한 이듬해에 이
이야기를 듣고 사연을 기록했다고 한다. 조위한은 서울
사람으로 임진왜란 때 남원으로 피란을 왔고 다시 서울
로 올라갔다가 정유재란 이후에는 아예 외가가 있는 남
원으로 내려와 살았다.

남원을 중심으로 북으로는 요동까지, 동으로는 일본까지, 남으로는 중국 강남과 베트남까지, 육로로 또 해로로 이어지는 전쟁과 가족 이산의 파노라마는 근대 이전 시기의 문학 작품에서는 좀처럼 만나기 어려운 장대한 스케일이다. 어떤 면에서는 최척 가족의 운명이 그만큼 가혹했다. 한국인의 관점에서 보면 노예 상태로, 또는 노예나 다름없는 상태로 타국을 떠돈 이야기를 담은 처참한 전쟁소설이다. 임진왜란 때 끌려간 조선인 전쟁포로가 세계 각국으로 얼마나 많이 팔려 갔던지 17세기 국제 노예시장이 조선인 때문에 활발해졌다고 한다. 옥영은 다행히 선량한 일본인을 만나 노예 상태에 이르지는 않았지만, 얼마나 많은 남원 사람들이 노예로 죽어갔을지 생각하면 참으로 안타깝다.

　「최척전」은 전쟁의 참상을 다루지만 등장인물 중 그 누구도 충성이나 애국심을 말하지 않는다. 임진왜란 때 최척은 의병으로 나서나 이는 자의가 아니었고 모병에 의해 어쩔 수 없이 한 일이다. 최척은 또한 정유재란 때 남원의 군민들과 함께 남원성에 들어가 싸우다 죽으려 하지 않고 피란을 갔다. 일본인이나 중국인도 국가주의에서 벗어나 있기는 마찬가지다. 옥영을 끌고 간 일본인 돈우는 조선인을 적대하지 않고 오히려 자상하게 돌봐주었고, 여유문과 주우는 낯선 나라의 이방인 최척을 멸시하거나 배척하지 않고 잘 도와주었다. 최척의 사돈인 중국인 진위경 역시 전쟁에 적극적이지 않았는지, 군법을 어기고 조선땅을 떠돌았다. 이처럼 「최척전」은 전쟁을 유발한 권력자의 명분을 따라 적대하고 공격하기보다 인간적 우호에 따라 서로 돕고 연대하는 인간의 모습을 보여주었다. 「최척전」에서 남원은 조선시대 휴머니즘 전쟁문학의 배경으로 남았다.

현재 남원에서 정유재란과 관련된 가장 유명한 인물은 심수관이다. 심수관은 정유재란 때 남원에서 일본으로 끌려간 도공 심당길의 후예로 알려져 있다. 심수관 집안은 일본에서 수백 년을 살면서도 한국식 이름을 포기하고 않고 한국문화를 지킨 것으로 유명하다. 이런 이유로 남원시에서는 심수관의 예술혼과 민족혼을 기리는 도예전시관을 운영중이다.

그런데 내막을 들여다보면 심당길의 남원 포로설은 근거가 분명하지 않다. 현재의 15대 심수관의 할아버지인 13대 심수관은 자기 집안을 김해에서 끌려간 도공의 후예라고 말한 바 있다. 14대 심수관은 자기 선조들이 남원에서 왔다고 했는데, 별다른 증거를 제시하지도 않으면서 김해에서 남원으로 고향을 바꾸었다.

한편 심수관의 이름과 관련해서도 한국인들이 곧잘 오해하는 부분이 있다. 몇 대 심수관이라고 부르는 것이다. 일본에서는 훌륭한 장인이 나오면 후계자가 그 이름을 이어받는데 이를 습명襲名이라고 한다. 예컨대 가와카미라는 다도 명장이 후계자에게 자기 이름을 물려주면 이어받은 사람은 제2대 가와카미가 된다. 한국식으로 생각하면 습명은 상표나 브랜드를 물려주는 것과 같다. '○○○ 곰탕'을 사위가 물려받으면 제2대 ○○○ 곰탕이 되는 식이다. 심수관의 경우 심당길의 12대손까지는 후손들이 한국식으로 자기 이름을 가지고 살았다. 12대의 본명이 심수관이었으며 이 심수관이 도자기 명인으로 세계적인 명성을 얻자 그 아들과 손자가 브랜드 네임으로서 심수관 이름을 이어받았다. 이때 실제로는 2대 심수관, 3대 심수관이라고 해야 할 것을 일본 귀화 시조인 심당길까지 소급하여 13대 심수관, 14대 심수관으로 불렀다.

고향과 이름만 문제가 아니다. 최근 연구를 보면 이 지역의 조선 도공 후예가 오랫동안 한국식 이름과 한국문화를 고수한 이유가 사쓰마^{현 가고시마} 번주의 정책 때문임이 밝혀졌다. 심당길이 스스로 한국문화를 지킨 것이 아니라 일본 지방 정부가 조선 후예의 일본 동화를 막았기 때문에 어쩔 수 없이 한국문화를 유지했다는 것이다. 십만 명이 넘었다고 알려진 임진왜란 조선인 포로 대부분은 다른 지역에서는 일찍이 일본에 동화되었지만, 사쓰마의 조선 도공은 메이지 유신 이후 중앙집권 체제가 들어서면서 비로소 동화되었다. 마침 심수관이 오스트리아 빈의 만국박람회를 통해 세계적인 명성을 얻게 되자, 심수관이라는 이름을 브랜드로서 버리지 못했을 따름이다.

남원시는 이런 사정을 잘 알지 못하고 민족주의에 따라 심수관을 남원 사람으로, 또 민족혼을 지킨 자랑스러운 한국인으로 높여 도예관을 세웠다. 만인의총에 묻힌 사람들이 자기 의도와 상관없이 충성이라는 달갑지 않은 훈장을 받았다면, 심수관은 그들이 하지 않은 일로 스스로 민족혼의 딱지를 붙였다.

예향 남원의 꽃, 『춘향전』

만복사 절터에서 양씨가 윷놀이를 했을 법당과 옥영이 꿈속에서 만난 장륙불을 그려본다. 전쟁의 참화 때문인지 부모도 형제도 없이 외롭게 살아가던 양씨가 아름다운 여인과 꿈결 같은 잠자리를 가진 다음 새벽에 여인을 따라나선 길이 어디일지 찾아본다. 세상에 아무런 기대도 희망도 없던 양씨는 생각지도 못한 사랑에 빠져 흥분을 가라앉힐 수 없는데, 길에서 만나는 사람들은 아무도 여인을 보지 못한다. 양씨가 아무도 못 보는 귀신이 된 여인을 보는 것처럼, 나는 절터에서 다른 사람들은 보지 못하는 양씨와 여인을 본다. 육백여 년이 넘은 만복사의 시간을 그려본다.

이제 마지막 답사지는 광한루다. 남원은 작은 서울의 넉넉한 풍치가 있으며, 아울러 외부의 침략으로 많은 사람이 희생된 한이 서려 있다. 18세기 이중환의 『택리지』에서 남원에 "은은히 살기가 감돈다"고 한 것이 공연한 말이 아니다. 풍류와 한이 어린 곳에 예술이 빠질 수 없으니 남원은 판소리의 본고장이다. 동편제 판소리가 여기서 싹터서 성장했다. 『춘향전』의 무대가 남원이요, 『흥부전』도 남원 운봉을 주 배경으로 삼으며, 『변강쇠가』도 지리산 기슭 남원 일대가 주무대다. 남원이 판소리사에서 차지하는 위상은 절대적이다.

현전하는 최초의 판소리 자료 역시 남원과 깊은 관련이 있다. 1754년 유진한이 남원, 보성, 장흥 등 전라도 지역을 유람하고 돌아와 『만화본 춘향가^{晩華本春香歌}』를 지었다. 만화 는 저자의 호이니 유진한이 한시로 기록한 춘향가라는 말 이다. 유진한은 당시 전라도 지역에서 불리던 『춘향가』를 한시로 옮겨 적었는데, 아들이 지은 유진한의 「행록^{行錄}」을 보면 이 작품을 짓고 선비들의 놀림을 받았다고 한다. 민간 에 떠도는 통속적인 노래를 선비가 한시로 옮겼으니 그랬 을 것이다.

유진한은 아름다운 남원의 경물에 깊은 인상을 받았고 『춘향가』를 감명 깊게 들었던 듯하다. 그의 문집에는 『춘 향가』와 함께 「남원 광한루에 올라^{登南原廣寒樓}」 「오작교」 「영 주각^{瀛洲閣}」 등 광한루와 남원에 대한 한시 몇 수가 수록되어 있다. 광한은 옥황상제가 산다는 천상의 공간으로 신선 세 계의 놀음을 상징한다. 평안도 성천의 유명한 누각인 강선 루^{降仙樓}처럼 누각을 신선 세계와 연결 짓는 일은 드물지 않다. 누각은 학문을 전수하는 강학 공간이기보다는 자연을 완상하며 휴식을 취하거나 잔치를 베푸는 여흥 공간에 가깝기에 별세계 느낌이 나도록 이런 이름을 붙였다.

광한루는 남원성 남문 밖에 있으니 그 앞을 흐르는 요천의 물을 끌어들여 인공 연못을 만들고 그 옆에 누각을 지었다. 연못 중간에는 인공섬을 만들어 삼신산으로 명명했고 또 연못을 가로지르는 다리를 만들어 오작교라고 이름 붙여 견우직녀의 만남을 형상화했다. 성 남문 밖에는 보통의 읍내와 마찬가지로 장시가 있었으니, 광한루는 신선 세계를 가장 번화한 곳에서 구현했다. 번화한 곳에 있으면서도 신선이 노닐 듯 아름다운 공간에서 춘향과 이도령 두 청춘 남녀의 사랑이 싹텄다.

흥미롭게도 판소리 중 『춘향전』만 배경이 한곳으로 고정되어 있다. 『흥부전』이나 『심청전』 등 여타 판소리 작품들은 이본에 따라 공간 배경이 여러 곳으로 다르게 나타난다. 『흥부전』은 남원을 배경으로 삼은 이본도 있지만 평양을 배경으로 한 것도 있다. 『심청전』은 중국 배경도 있고 한국 것도 있다. 그런데 『춘향전』만큼은 작품 배경이 남원 외 다른 지역인 이본이 없다. 실제 어떤 모델이 되는 특정한 사건이

남원에서 일어났기 때문일 수도 있지만, 남원이 아니고서는
작품의 낭만적이고 환상적인 분위기를 충분히 살리기 어려
워서 그런 것 아닐까 싶다.

이도령은 서울의 귀공자로 아버지를 따라 남원에 와서
천하디 천한 기생 춘향을 만나 사랑을 이루었고, 이도령 아
버지 다음에 부임한 신관 사또는 춘향을 인간으로 보지 않
고 노리개로 여겼다. 기생은 노비이니 노비는 반인반물半人
半物이라고 하여 반은 사람이요 반은 물건으로 취급하던 시
대였다. 물건 같은 기생을 상층 남성들은 희롱하려 들었지
만, 이도령은 춘향을 인격체로 대했다. 이것이 춘향이 이도
령과의 신의를 말하며 신관 사또를 거부한 근본적인 이유
다. 춘향은 자신이 인간임을 항변했고 모진 고초를 겪고 해
피엔딩을 이루었다. 이런 면에서 춘향의 저항은 인간이고
자 하는 외침이었고 독자와 청중은 그에 응해 환호하고 성
원했다.

광한루 경내에는 춘향 사당과 부사 성안의 선정비가 있
다. 1930년대 이후 『춘향전』이 전국적인 인기를 얻으며 고
전으로 고평받자 소설 주인공을 역사적 인물로 만들어 기
리는 작업이 시작되었다. 남원에서는 춘향 사당을 만들고

춘향 영정을 그리며 춘향제라는 축제를 열었다. 또 춘향의 성을 성씨라고 밝힌 이본에 따라 성씨 성을 가진 부사를 아버지로 찾아주기도 했다. 춘향의 성이 보이지 않는 이본도 있고 안씨나 김씨로 나오는 이본도 있는데 굳이 성씨를 고집하여 남원부사 성안의를 춘향의 아버지라고 소개하면서 그의 선정비를 찾아 광한루 경내에 세운 것이다. 심지어 광한루 구역을 벗어나 지리산 구룡계곡으로 들어가는 입구에는 춘향의 무덤까지 조성해두었다. 1962년 남원에서 도로공사를 하던 중 '성옥녀지묘成玉女之墓'라는 지석을 발견하자, 이를 춘향의 묏자리로 간주하고 '만고열녀 성춘향지묘萬古烈女成春香之墓'라는 이름을 붙이고 봉분을 씌웠다. 이런 모든 일을 심각한 눈으로 바라보면 거짓을 만든 게 아니냐고 말할 수도 있겠지만, 소설에 감동한 사람이 실제 배경을 찾고 또 주인공의 흔적을 찾아 기리는 일은 세계 어디에나 있으니 전혀 이해하지 못할 일은 아니다.

춘향은 20세기 한국의 대표적인 문화 콘텐츠였다. 특히 한국영화의 성장을 견인하는 데 큰 역할을 했다. 한국영화사에서 처음으로 큰 인기를 얻은 작품도 〈춘향전〉[1923]이고, 무성영화에서 유성영화로 나아가게 이끈 작품도 〈춘향전〉[1935]

이며, 광복 후 한국영화 침체기에 새로 활력을 불어넣은 영화도 〈춘향전〉[1955]이다. 20세기 말에 죽어가던 판소리를 다시 살린 영화 〈서편제〉에서 가장 중심적인 부분도 『춘향전』과 연결된다.

아직도 한국 사회에서는 갑질이니 차별이니 하며 권력을 쥔 사람이 다른 사람을 멸시하고 짓밟는 일이 사라지지 않고 있다. 비록 최하층민이지만 기생도 사람이니 사람으로 대해달라는 외침을 담은 『춘향전』이 세기를 뛰어넘어 현재까지 힘을 갖는 이유도 여기에 있을 것이다.

17세기 남원의 서양인들

답사를 인솔하면서 내색하지는 않았지만 나는 아직 잘 알려지지 않은 사실 하나를 찾고자 했다. 17세기 중반 네덜란드 선원 36명이 표류하다가 제주도에 상륙해 13년간 조선에 억류된 일이 있었는데, 그중 5인이 1663년 3월부터 대략 5년 반쯤 남원 관문官門 내에 거주했다. 나중에 이 네덜란드인들이 교섭을 통해 조선땅을 떠나게 됐을 때 남

원에서 간 사람이 세 명이라 하니, 그 사이 두 명은 죽었든
지 이동을 했고 세 명은 5년 이상 남원에서 살았던 것이다.
이런 사실이 『승정원일기』에 기록돼 있으니, 네덜란드인
과 함께 산 남원 사람들이 무슨 기록이나 흔적을 남기지는
않았을까? 네덜란드 사람은 세계에서 평균 신장이 가장 큰
축이다. 눈에 띄는 외모와 체구를 가진 그들을 두고 남원에
서 말들이 나오지 않았을까? 현지에서도 관련 자료를 발견
하지 못했지만 어떤 일에 관심을 가지고 바라보면 새로운
자료가 나타나기도 하고 종전에는 무심코 넘긴 기록이 새
롭게 읽히기도 하는 일을 종종 겪었다. 그렇게 새로운 기록
이 나타나기를 기대했다.

답사를 마치고 올라오는 기차에서 함께한 분들께 남원
유명 빵집의 빵을 나누어드렸다. 나는 빵을 좋아해서 답사
지에 가면 꼭 그 지역의 유명 빵집을 찾는다. 우리나라에서
가장 오래된 빵집이라는 군산 이성당은 말할 것도 없고 대
전, 부산, 목포, 여수, 경주, 안동 등에도 동네를 대표하는
빵집이 있다. 모두 훌륭한 빵집이지만 일부러 찾아가야 할
만한 곳은 많지 않다. 이제 전국의 빵 맛이 상당히 평준화
하여 찾아가서도 갓 구운 빵이나 하나 사 먹으면 그만이지

몇 상자를 사와야 할 정도로 특별한 집은 거의 없다. 그 여러 빵집 중 기억에 남는 곳이 남원의 빵집이다. 대부분 유명 빵집들은 돈을 많이 벌어 커다랗고 멋진 건물에서 영업을 하는데 남원의 이 빵집은 아직 소박한 옛 모습을 그대로 유지하고 있어서 더욱 정감이 간다. 광한루 같은 역사적·문학적 유적도 잘 보존해야 하겠지만, 빵집이나 식당처럼 오랜 시간이 지나면 자연스럽게 생활사 문화재가 될 만한 곳들도 오래오래 남아서 자기 이야기를 들려주기를 바란다.

군산, 강과 바다의 만남

우리 서울대학교 인문대학 교수들은 매년 한 번씩 단체 여행을 간다. 낮에는 답사를 하고 밤에는 학교 현안을 의논한다. 이전에 근무했던 명지대학교에서도 매 학기말 근교로 답사를 다녔는데 미술사를 전공한 유홍준 선생과 윤용이 선생께서 이천 도자기 마을 등을 안내해서 꽤 인기가 높았다. 지금 몸담은 대학에는 다양한 전공의 교수가 훨씬 많아서 늘 최고의 답사가 진행된다.

고창 고인돌 앞에서 퇴임 직전의 노 고고학자이신 임효재 선생의 해박한 설명을 들은 일이 있고, 중국 시안에 갔을 때는 불교미술을 전공한 이주형 선생이 직접 편집한 충

실한 안내서를 미리 나눠주어서 가기 전부터 배운 게 많았
다. 그러다가 2018년 내가 부학장으로 학사협의회 계획을
맡게 돼 이때까지 받은 것을 다른 교수님들께 돌려드릴 기
회가 왔다. 눈, 코, 귀, 혀 등의 오감은 물론 머리와 가슴까
지 가득 채울 만한 곳이 어딜까 고심하다가 군산으로 결정
했다.

  국문학자인 내게 남원이 고전문학의 고향이라면 군산은
근대문학의 산실이다. 더욱이 군산은 사람들의 모임, 만남,
관계를 대표하는 도시다. 북으로는 금강, 남으로는 만경강
이 흐르며 만경강 남쪽에는 다시 동진강이 있어서 실질적
으로 군산은 세 강의 하구에 위치한다. 근대 이후 철로 등
육로 운송이 발달하기 전까지 가장 효율이 높던 수운을 이
용할 수 있었다는 점에서, 군산은 전근대 물류의 중심이었
다. 더욱이 군산의 배후에는 온 나라가 흉년이 들어도 이곳
만 괜찮으면 걱정이 없다는 말이 전하는 풍요로운 임옥평
야임피옥구평야가 있고, 또 호남평야·김제평야·만경평야로 불
리는, 한반도에서 유일하게 지평선을 볼 수 있는 너른 들이
펼쳐진다. 세 강을 끼고 앞은 바다요 뒤는 평야라. 이처럼
물산이 풍부할 수 없는데다 수운이다 해운이다 물류 기지

로 최적지니 천혜의 요지가 되었다.

　요지에는 사람의 왕래가 많을 수밖에 없다. 이 때문에 고래로 외부와 활발히 교섭했고, 교섭의 극점에서 전쟁이 벌어졌다. 백제는 멸망기에 왜倭의 원조를 받아 재건을 꿈꾸었다. 그러나 663년 백촌강白村江 또는 백강구白江口로 불린 군산 금강일설은 동진강 하구에서의 전쟁에서, 천 척의 배에 탄 이만 칠천 명 왜군이 신라와 당나라 연합군에게 전멸을 당했다. 이로써 백제는 완전히 희망을 잃었다. 이 전쟁은 일본 역사에서도 의미가 매우 크다. 왜는 백제를 멸망시킨 신라가 여세를 몰아 일본을 침략할까 우려했고, 그리하여 왜가 일본 열도에서 전열을 정비하면서 일본이 재탄생하게 되었기 때문이다. 규슈 지방 후쿠오카 부근 다자이후 앞에는 그때 신라의 침략을 대비해 쌓은 미즈키아토水城跡로 불리는 성터가 있다.

　금강 하구에서는 이로부터 십수 년 후 다시 큰 싸움이 일어났다. 676년 신라를 도와 삼국 통일에 힘을 보탠 당나라가 아예 통일신라 전체에 지배력을 행세하려다가 금강 하구 기벌포에서 신라와 결전을 벌인 것이다. 기벌포에서 대패한 당나라는 한반도에서 완전히 손을 뗐고 삼국은 비로

소 완전한 통일을 이루었다. 이처럼 군산은 중국이나 일본이 한반도 중심 내륙으로 들어가는 입구의 요충지였다. 금강을 따라서는 강경, 부여, 공주, 청주 너머까지, 만경강으로는 익산으로 또 완주로, 동진강으로는 김제로 전주로 갈 수 있다. 군산은 혼란기마다 그 지리적 중요성이 부각되었다. 고려 말에는 나라 기반을 위협할 정도로 기승을 부렸던 왜구를 최무선이 금강 하구 진포에서 대포와 화약으로 물리치기도 했다. 왜와 싸운 백촌강, 당나라와 싸운 기벌포, 왜구를 물리친 진포, 각각 다른 이름으로 불렸지만 크게 보면 모두 군산 앞바다다.

일제강점기에 군산은 수탈의 최일선이었다. 배후의 대평야에서 쌀을 가져갈 수 있었기 때문이다. 1899년 개항한 군산은 한국에서 가장 먼저 만들어진 신작로[1907]의 한 축이었고, 익산을 지나는 군산선[1912]과 호남선[1914]이 연결되어 사통팔달의 육로운송 기지로 자리매김했다. 개항지에는 외국인이 넘쳐났는데, 중국인들은 중식당을, 일본인은 빵집을 열었다. 군산 화교의 중식은 인천 선린동, 서울 명동 등의 중식당과 함께 한국인의 미각을 사로잡은 첨병이었고, 1910년대 군산에 세워진 한국 최초의 빵집 이즈모야[出雲屋]

는 단팥빵과 사라다빵으로 한국에 빵맛을 전했다. 현재 군산을 대표하는 빵집인 이성당은 광복 후 이즈모야 자리에 한국인이 세운 것으로, 특별히 이즈모야의 제빵 기술을 전수받아 이은 집은 아니다.

군산 앞바다에는 십여 개의 섬이 무리지어 들어앉은 고군산 군도가 있다. 지금은 제주도 4분의 1만한 규모의 간척지를 목표로 새만금방조제가 만들어져 야미도·신시도 등 몇몇 섬은 이미 육지의 일부가 되었고, 무녀도·선유도·장자도까지 다리가 연결돼 군도는 이제 육지와 다를 바 없다. 선유도는 명량해전에서 압승을 거둔 이순신 장군이 지친 몸을 이끌고 들어와 휴식을 취한 곳으로 유명하다. 1970년대에 황동규 시인은 이곳 바닷가에 던져진 시신을 보며 삶의 무게를 고민했다. 시신을 바닷가나 수풀에 두고 그냥 풀이나 덮는 형태의 분묘를 초분草墳이라 하고 이러한 장례 방식을 풍장風葬이라 한다. 초분은 조선시대에 전국적으로 널리 사용되었으나 근대에 들어와서는 위생 등 문제로 거의 사라졌는데 서해와 남해의 도서 지역에서는 오래도록 이어졌다. 시인은 바닷가에 던져진 헐벗은 시신을 보고 충격을 받아 이를 시의 소재로 삼았다.

군산은 예부터 중국 사람이 건너오고 일본 사람이 넘어온 동아시아 교류의 상징 같은 곳이다. 이 물길을 따라 근대 전환기에는 서양 사람이 들어왔다. 19세기 초반 프랑스 선교사들이 중국 상하이 등지로부터 서해안으로 잠입할 때 이 부근을 거쳐갔다. 김대건에 이어 한국의 두번째 신부인 최양업은 신시도에 상륙했다.

금강 하구에서

군산 여행의 시작은 금강 하구가 좋다. 서해안에서 잡힌 꽃게 간장게장을 먹고 금강습지생태공원으로 가서 갈대숲을 거닌다. 늦가을 갈대철이라면 더욱 스산한 특별한 정취를 느낄 수 있다. 그 아래에 자리한 채만식문학관에 가면 『탁류』[1938]의 서두에서 인간 세상의 모든 것을 흐린 물에 담았다가 쏟아낸 것으로 소묘한 금강과 군산의 원경을 볼 수 있다. 이는 안도현이 「금강 하구에서」에서 "이쪽도 저쪽도 없이" "하나로 부둥켜안고" 서해로 "발목을 밀어넣는 강물"이라고 부른 것과 흡사한 착상이다. 금강 하구는 이것이고 저것이고 모든 것을 다 흙탕물에다 섞어서 밀고 나가는, 세상사의 멈추지 않는 힘을 보여준다.

채만식문학관 강 건너편은 서천이다. 서천에는 국립생태원이 있고, 그 서쪽으로 차를 타고 가다보면 '도대체 저게 뭐지?' 싶은, 인상적인 옛 장항제련소가 보인다. 다시 채만식문학관 쪽으로 돌아와 강 하구로 내려가면 군산이 나온다. 군산은 그리 크지 않은 지역이라 구 군산세관이 있는 군산항에서 역사박물관, 미술관, 구 조선은행 군산지점을 둘러보면 중요한 볼거리는 대충 다 본 셈이다. 군산항 안쪽 서쪽의 평지는 격자 모양으로 길이 나 있어서 계획적으로 개발한 곳임을 알 수 있고, 동쪽 언덕은 구불구불 길이 나 있으니 여기가 『탁류』의 주인공 정주사네 집이 있던 개복동이다. 개복동은 일제강점기에는 조선인 빈민 거주지였다. 2002년 이 낙후한 지역의 성매매업소에 불이 나 이십대 초반 여성 십여 명이 죽었다. 대낮에 난 불인데도 쇠창살로 막힌 방에 갇혀 있었기에 꽃 같은 청춘이 피하지도 못하고 죽었다. 이 사고를 계기로 2004년 성매매금지특별법이 제정되었다.

짬뽕의 탄생

관광객들은 보통 개복동 쪽으로는 잘 가지 않고 구 일본인 거주지역으로 간다. 나는 수차례 학생과 교수, 교직원을 인솔해 군산에 갔다. 그때마다 남들이 다 하는 것처럼 이성당에 가서 빵도 사 먹고, 영화 〈타짜〉의 무대로도 사용된 오래되고 특이한 분위기의 중식당 빈해원에서 점심을 먹곤 하지만, 식사 후에는 다른 사람들은 잘 찾지 않는 '용문각'이라는 간판이 붙어 있는 군산화교역사관으로 사람들을 안내했다. 2005년까지 중식당으로 사용된 이 역사관은 식당 사장이자 군산화교학교 교장이었던 여건방 선생이 한국식 중화요리의 역사를 보여주기 위해 만든 곳인데, 운이 좋으면 관장의 설명을 들을 수도 있었다. 지금 이곳은 아쉽게도 폐관했지만 당시 여기서 그분께 들은 짬뽕의 유래가 흥미롭다.

짬뽕은 일본의 중국 화교가 만든 나가사키짬뽕에서 유래했다는 등 여러 설이 있지만 관장님의 주장은 좀 다르다. 근대 초기 한국에 온 중국 사람들은 산둥 출신이 많은데, 원래 자기들이 해먹던 약간 걸쭉한 하얀 국물의 초마면炒馬麵

이란 요리가 있었다. 초마란 볶는다는 뜻이니 갖은 재료를 볶아서 면 위에 올린 음식이다. 그렇게 먹다가 한국의 매운 맛에 익숙해진 2세대에 이르자 초마면에다 고춧가루를 넣어 현재의 짬뽕으로 변형되었다고 한다. 관장은 자기 식당에서 사용한 메뉴판을 가리키며 1969년 메뉴판에는 초마면이라고 한자로만 쓰던 것이, 1973년 것에는 초마면이라 한자로 쓰고 그 옆에 짬뽕이라고 한글을 병기했음을 보여주었다. 고춧가루를 넣어 맵게 만든 초마면을 식당에 찾아온 손님들이 짬뽕이라고 불러서 그렇게 적었다고 했다. '짬뽕'이라는 이름은 나가사키짬뽕과 관련될 수 있어도 음식의 유래는 초마면에서 나왔다는 것이 이곳의 주장이다. 짬뽕의 원조가 인천인지 서울 명동의 화교 거리인지 아니면 다른 어디인지 알 수 없으나, 군산도 한국 중화요리의 무시할 수 없는 발상지임이 분명하다.

여행과 숙소

단체를 인솔하여 군산에 갈 때마다 늘 은파호수공원 주

변의 새 호텔을 잡았다. 개인 여행을 다닐 때는 다소 값이 비싸도 대개 시내 중심지 호텔에 머무르는데, 큰돈을 쓰고 일부러 시간을 내서 멀리서 왔는데 숙박비 좀 아끼겠다고 도시 외곽의 호텔을 잡으면 소중한 밤 시간을 제대로 쓸 수 없기 때문이다. 관광거리는 대부분 시내 중심에 모여 있으니 몇 군데 다니면 금방 해가 지고 숙소가 외곽에 있으면 일찍 돌아가야 한다. 시내에 방을 잡으면 여기저기 둘러보다가 체력이 떨어졌을 때 수시로 쉬었다 나갈 수 있어서 좋다. 방이 좀 작아도, 편의시설이 좀 부족해도, 깨끗하기만 하면 도심 호텔이 낫다. 그러나 개인 여행과 달리 단체 여행에서는 많은 사람을 수용할 수 있는 마땅한 호텔을 찾기가 어렵다. 여기에다 가격도 걸림돌이어서 도심으로 들어가기가 쉽지 않다. 그래서 단체로 가면 아침에 일어났을 때 기분 좋은 곳이 낫겠다는 생각으로 호텔을 잡는다. 안전하고 조용한 동네에 깨끗한 침구를 갖추었으면 그만이다.

이해 교수 답사에 처음으로 1인 1실을 제공했다. 군산의 호텔비가 저렴해서 가능한 일이기도 하지만, 사실 군산을 답사지로 정할 때부터 이 점을 중요하게 고려했다. 생활문화나 여행에 대한 인식이 크게 바뀌어 여럿이 한 방을 쓰는 일이 아주 불편해졌기 때문이다. 그 전해에 제주도로 직원 워크숍을 갔을 때 5인 1실 콘도에 묵은 사람들이 불편해했다는 말을 들었다. 멀리 여행을 가서 일부러 고생하자는 것이 아니라면 무엇보다 잠자리가 편해야 한다. 아무리 좋은 곳이라도 숙식이 편치 않으면 좋은 여행이 될 수 없다. 20년 전 우리 학과 교수들이 단체 연수를 간 적이 있는데 경북 봉화의 시골집에서 한 방에 스무 명이 함께 잤다. 짧은 하룻밤 숙박비를 아껴서 식비 등 다른 데서 풍족히 쓰자는 사람들도 적지 않기에 1인 1실은 작은 변화처럼 보여도 쉬운 결정이 아니었다. 이제 시대가 바뀌어 이견을 보이는 사람이 없었다. 은파호수공원 근처 호텔은 잘 정비된 호숫가 산책로까지 끼고 있어서 더욱 만족스러웠다.

군산 여행 중 시간 여유가 있어서 고군산군도까지 가볼 수 있다면 더욱 좋다. 가는 길에 아펜젤러순교기념교회가 있다는 것을 최근에 알았다. 배재학당을 설립하기도 한 미국인 선교사 아펜젤러는 성경 번역 모임에 참석하러 목포로 가다가 군산 앞바다에서 선박 충돌 사고로 죽었다. 기독교와 한국문학이라는 주제에 관심을 가진 이후 서울의 오래된 교회를 답사했고 전주 서문교회까지 갔으나 아직 군산의 교회는 가보지 못했다. 전주, 군산 그리고 인근의 강경 지역이 초기 개신교 역사에서 서울, 평양에 버금가는 중요한 지역이라는 사실은 최근에야 알았다. 답사는 아무리 다녀도 관심이 달라지면 계속 새로운 것이 보이고 또 찾게 된다. 갈 곳이 있다는 것, 봐야 할 것이 있다는 것, 다시 갈 이유가 생겼다는 것은 더 살아야 할 이유가 된다. 행복하다.

기벌포의 거친 바람

귀로에는 장항스카이워크에 들른다. 군산항을 건너 북쪽으로 가면 장항인데, 멀리서부터 큰 바위산 위에 높이 솟은 굴뚝이 인상적인 옛 장항제련소를 지나 조금만 더 가면 국립해양생물자원관이 나온다. 거기에 차를 세워두고 바다로 걸어가면 바닷가 펄 위에 철골조의 고가 인도가 보인다. 그것이 스카이워크다. 10미터 이상의 높이로 인도교를 설치하고 바닥 일부에 투명 유리를 깔아 아래 펄과 바다를 내려다보게 했다. 어떤 사람들은 밑에 그물처럼 구멍이 숭숭 뚫린 바닥이 무섭다며 되돌아가기도 한다.

스카이워크 위에 서면 멀리 서해를 조망할 수 있다. 스카이워크 바로 앞바다인 기벌포에서 옛날 신라와 당나라 군대가 일전을 벌였다. 수만의 군사가 맞붙었으니 일대가 모두 전장이었을 것이다. 그전에는 이곳 백강구에서 일본과 전쟁이 벌어졌고, 이로부터 칠백 년 후 다시 여기 진포에서 왜구와 격돌했다. 언젠가 이 바다 아래를 발굴하면 백제를 도우러 왔을 왜의 배와 백제 배, 당나라 배와 신라 배, 고려말 왜구의 배 등 시대와 국적이 다른 여러 척의 배가 모습을 드러낼 것이다. 기벌포 바닷가에서 가슴으로 북서풍을 받으면 천오백 년 역사가 쓸려나간다. 유적을 보고 유물을 알아가는 여행도 가치 있지만, 역사의 바람을 맞노라면 더할 나위 없이 큰 충만감이 차오른다.

다른 나라:

벨라지오의 록펠러 학술센터

이탈리아 밀라노 북쪽에 코모 호수가 있다. 남알프스와 맞닿은 지역으로 부호의 빌라가 즐비하여 한국 패션 잡지 사에서도 자주 화보 촬영을 오는 곳이다. 그 시옷 자 모양 코모 호수의 중간 교차점에 벨라지오라는 작은 마을이 있는데 미국의 거부 록펠러가 조성한 재단이 여기서 학술센터를 운영중이다. 센터에서는 크게 두 가지 프로그램을 지원한다. 하나는 학자, 작가, 예술가, 사회활동가가 몇 달 이곳에 머물며 사색하고 저술하는 레지던스 프로그램이고, 다른 하나는 학술대회 프로그램이다. 각 프로그램은 별도의 건물을 사용하는데 나는 학술대회 참석차 갔으므로 16세기와 17세기에 지어진 옛 수도원 건물에 묵었다. 이 건물들은 역사가 오래됐지만 내부 설비와 조명은 뉴욕 맨해튼의 갤러리 이상으로 세련되었다.

나는 2004년 5월 컬럼비아대학의 김자현 교수께서 조직한 이중언어현상^{diglossia}에 대한 학회 참석차 이곳을 찾았다. 미국과 유럽, 그리고 한국에서 스무 명 남짓의 학자들이 모여 수일간 발표하고 토론하는 자리였다. 미국 재단이 왜 이탈리아에다, 그것도 손꼽히는 휴양지 정중앙에 위치한 육만여 평의 부지뿐 아니라 빌라와 수도원 건물까지 사서, 학자들을 초청해 집필과 학술 행사를 지원하는지 이해할 수 없었다.

한국에서 간 사람은 나를 포함해 네 명이었다. 우리 한국 일행은 밀라노에서 차를 빌려 호숫가의 마을 코모까지 갔다. 코모에 도착하니 센터에서 보낸 밴이 와 있었다. 밴으로 코모에서 벨라지오까지 이동했다. 벨라지오에서 센터로 들어가는 길은 높은 돌담이 쳐진 돌길인데, 쭉 따라가면 끝에 큰 철문이 서 있고 그 문을 양쪽으로 열어젖히면 센터로 들어갈 수 있었다. 마치 봉쇄 수도원에라도 들어가는 기분이었다. 철문 안은 별세계였다. 코모 호수 근처의 빌라 어느 곳보다 좋은 듯했다. 잘 가꾼 정원과 갈래갈래 샛길과 미로, 그 미로를 찾아들어가면 곳곳에 흥미로운 은신처가 나왔다. 그 깊숙한 곳에 홀로 앉아 있으면 새소리가 귓가를 울렸다. 눈앞에 뾰족이 솟은 알프스의 산봉우리가 만년설에 덮인 채 호수 위에 떠 있었다.

체크인을 하고 들어간 방은 내 돈을 내고는 가볼 수 없을 멋진 곳이었다. 오래된 수도원 방을 개조했으니 화려하지는 않았지만 넓고 쾌적했다. 방에는 텔레비전도 라디오도 없었지만 휴양지 최고급 호텔에서나 볼 법한 넓은 침대와 멋진 책상이 놓여 있었다. 침대 맞은편에는 작은 여닫이창문이 있는데 그 앞으로 가서 고개를 들면 코모 호수의 북쪽 끝과 맞닿은 높은 산이 보이고 고개를 내리면 정원에 활짝 핀 예쁜 꽃을 볼 수 있었다.

학회는 엄격한 일정으로 진행되었다. 이른 아침부터 저녁 시간까지 발표와 토론이 이어졌다. 세미나실에서 대형 원탁에 둘러앉아 회의를 하는 동안 한 번씩 창밖으로 눈을 돌리면 예의 알프스의 만년설이 가슴으로 들어왔다. 사방이 고요하니 창문을 열어놓고 회의를 했는데 때때로 산들바람이 살갗을 스쳤다. 이렇게 멋진 곳에서 이렇게 좋은 날씨에 책상머리에만 앉아 있을 일인가 싶기도 했다.

식사는 건물 내 작은 식당에서 시간에 맞추어 준비해주었다. 큰 유리창으로 밝은 빛이 들어오는 식당에는 신선한 샐러드와 몇 가지 주요리 그리고 와인이 놓여 있었다. 정말 특별한 대접을 받고 있다고 생각했다. 미국 교수들은 이미 이 시설에 대해 많이 들었는지, 말로만 듣던 곳에 직접 와 보게 되어 영광이라고 말했다.

이틀간의 세미나가 끝났다. 그날 저녁에는 식당의 큰 냉장고에 와인이 가득 채워져 있었다. 마지막날이라 사람들의 토론이 그치지 않았고, 너무 많아서 언제 다 마실까 싶던 와인은 어느새 동이 나버렸다. 사람들은 센터 바깥으로 나가 마을 호숫가 식당으로 자리를 옮겼다. 밤이 깊어가고 누군가는 술에 취해 아주 큰 소리로 자기주장을 펴기도 했다. 다음날 센터 관리자에게 전날 저녁 우리 팀이 소란을 일으킨 걸 사과했더니 이번 팀은 아주 조용한 편이었다며 미소 지었다.

나흘간 체류하면서 매일 일찍 일어나 한 시간 정도 원내를 산책했다. 이쪽 길로도 가보고 저쪽 길로도 가보고 물가로 나가기도 하고 언덕을 오르기도 했다. 점심 후에는 미국, 유럽의 동료 학자들과 걷기도 했다. 산책 내내 알프스의 풍광이 눈에 들어왔고 새소리가 그치지 않았다. 집에 돌아와서도 근 한 달은 귀에서 새소리가 떠나지 않았다.

록펠러 재단은 무슨 생각으로 벨라지오에 학술센터를 만들어 연구자와 작가를 초청했을까? 그들은 무엇 때문에 아무 조건도 없이 이렇게 극진한 대접을 했을까? 휴양지에 멋진 시설을 꾸며놓고 연구자를 불러 글을 쓰고 토론하도록 한 지원 프로그램을 한국에서는 본 적이 없다. 미국의 연구 지원은 한국과 다소 다른 부분이 있는 듯하다. 하버드 대학 옌칭연구소의 체류 지원을 받은 일이 있는데 특이하게 거금을 지원하면서도 아무런 결과물 요구도 하지 않았다. 옌칭연구소는 연구비 지원 외에도 논문 영어 번역 지원, 연구소 내 세미나 지원, 그리고 심지어 10개월 간 서너 차례 뉴욕과 화이트마운틴 등으로 여행까지 보내주었다. 한국에서는 그 10분의 1 정도의 연구비를 지원하면서도 돈을 어디어디에 썼는지 자세히 보고하라고 요구하는 경우가 대부분이다. 록펠러나 하버드나 모두 인기 프로그램이라 선발 과정은 간단치 않지만, 선발된 사람은 그냥 믿고 지원해주고 결과를 묻지 않는다. 미국과 한국은 지원 방식에 있어서 기본 시각부터 차이가 있는 듯하다. 연구를 진작하는 차원의 지원이라면 잘할 만한 사람을 뽑아서 잘할 수 있도록 도와주면 그만이라는 것이 미국 쪽 인식이다. 재단이나 연구소의 필요로 선정한 연구가 아니라면 굳이 연구자의 결과물을 받아야 할 이유가 없다. 성실한 연구자라면 지원과 관계없이 열심히 할 테니 차라리 휴식을 취하게 하고 격려하는 편이 더 도움이 된다.

한국에 돌아와서 나는 꿈을 꾸기 시작했다. 한국에도 벨라지오 학술센터 같은 곳을 만들 수 있을까? 어디에 만들면 좋을까? 경상북도 문경의 경천호에 갔다가 여기가 좋겠다고 생각하기도 했고, 전라남도 장성의 장성호에서도 같은 상상을 했다. 호수 옆 폐교를 임대하여 내부를 조금만 고쳐도 훌륭한 세미나실과 숙소가 만들어질 것이다. 막 박사학위를 받은 열정 넘치는 젊은 학자들이 여기서 일정 기간 휴식을 취하며 연구도 하고 또 몇 날 며칠 뜨겁게 토론도 하면 좋겠다. 그곳이 일생에 꼭 한 번 와봤으면 희망하는 그런 공간이었으면 좋겠다.

옛 서울 나들이

나는 어릴 때만 해도 우리나라가 세계에서 가장 아름답고 살기 좋은 나라인 줄 알았다. 한반도는 삼천리 금수강산이고 날씨는 사계절이 뚜렷해서 봄 여름 가을 겨울을 모두 즐길 수 있다고 배웠다. 금수강산이 어떤 말인지도 모르고 외웠고 뚜렷한 사계절의 변화도 그러려니 하고 받아들였다. 비단에 수를 놓아 자연을 그린 금수강산의 아름다움은 〈백동자도百童子圖〉와 〈구운몽도〉 자수 병풍을 보고서야 알았고, 눈 내린 설악산과 초록이 무성한 한라산을 보면서 우리나라 자연이 세계 어느 곳보다도 아름답다고 생각했다. 뚜렷한 사계절에 대해서는 생각이 좀 바뀌었는데 미국 캘리

포니아에서 1년을 보내면서, 사계절 내내 날씨가 온화한 지역에서 사는 것이 어쩌면 열탕과 냉탕을 오가듯 급변하는 날씨 속에 담금질하듯 단련되는 쇠처럼 사는 것보다 나을 수도 있겠다 싶었다. 미국 사람들도 어떤 사람은 사계절이 뚜렷한 동부의 뉴욕이나 보스턴을 좋아하고 어떤 사람은 캘리포니아를 선호한다고 하니 이는 취향 문제인 듯싶다.

아름다운 수도 서울

삼천리 금수강산 중에도 서울은 참 아름답다. 어느 나라 수도가 북한산, 도봉산 같은 명산을 옆에 끼고 있는가. 워싱턴 D.C., 도쿄, 베이징, 런던, 파리까지, 명산을 끼고 앞에는 한강처럼 장대한 강이 흐르는 수도가 세계 어디에 또 있는가. 서울 성내로 들어오면 북악, 인왕산, 낙산, 남산이 사방을 둘러싸고 청계천이 그 가운데 평지를 흐른다. 서울 성곽길을 걷다보면 조선 오백 년 도읍지를 정해주었다는 무학대사의 안목에 절로 감탄하게 된다.

아는 폴란드 학자가 서울은 참 아름답지만 숲이 적어 아쉽다고 얘기했다. 바르샤바의 넓은 평원과 숲을 보니 그 말을 이해할 수 있었다. 하늘에서 내려다보면 서울 시내에 초록이 거의 보이지 않아 안타깝다. 근년에는 황사와 미세먼지까지 날아와 환경이 급격히 나빠졌다. 서울의 자연이 얼른 회복되어 걷기 좋은, 걷고 싶은 도시로 다시 태어나기를 바랄 뿐이다.

조선시대 소설이 전공인 나는 서울을 부전공이라고 여긴다. 사람은 나면 서울로 보내고 말은 나면 제주도로 보내라는 옛말처럼, 나라의 모든 중요한 일이 서울에서 벌어지며 인재 또한 서울에 모이니 문학 역시 서울이 중심이 되었기 때문이다. 지방에서 내세우는 인물이 실은 서울에서 나고 자랐거나 주로 활동한 경우가 많고, 지방 유적지는 서울 사람의 흔적인 것이 많다. 남해의 서포 김만중이며 강진의 다산 정약용이 실은 모두 서울 사람이다. 역사 또한 그러하여 조선사는 결국 서울의 역사요 지방사는 찾기 어렵다. 이런 상황이기에 대구의 문학관과 미술관에서 시인 이상화와 이장희, 화가 이인성과 백락종을 만났을 때 오히려 이채로웠다. 훌륭한 예술가를 배출한 문화수도라는 자부심을 가진 대구가 보기 좋았다.

서울은 육백 년 이상 수도였고 수많은 사람들의 삶의 터전이었으니 그 삶만큼이나 다양한 이야기를 품고 있다. 그러니 한두 곳을 몇 가지 주제로만 다뤄도 책 한 권을 금방 채울 수 있다. 서울 구석구석에 얽혀 있는 다양한 이야기는 다른 책으로 미루고 여기서는 내가 좀더 잘 아는 전근대 소설과 관련된 장소를 둘러본다.

조선시대 서울의 구획

조선시대 서울은 행정적으로는 서울 성곽 안쪽과 성 바깥 10리까지를 가리킨다. 당시 서울 인구를 20~30만 명 정도로 추산하니, 도성 안쪽에는 20~30만 명 가까운 인구가 살았다고 볼 수 있다. 서울에는 동서남북에 각각 높지 않은 산이 있다. 북에는 북악, 동에는 낙산, 남에는 남산, 서에는 인왕산이다. 서울 성곽은 이 산들을 둘러가며 쌓았다. 각각의 방위마다 중심 성문이 있고 중심 성문 사이에 다시 작은 성문이 하나씩 있다. 그 문들 중 동대문이 가장 크며 남대문 또한 왕래가 많던 중요한 문이다. 서소문과 동소문은 서민의 상업 활동 등 일상생활에 많이 이용되었다.

서울 성내는 청계천에 의해 남북으로 구획되었으니 조선 시대에도 일종의 강남과 강북이 존재했던 셈이다. 청계천 주변 종로와 그 이남은 평서민이 많이 사는 상업과 유흥의 거점이었고, 북쪽에는 궁궐과 관청을 출입하는 상층 양반이나 서리, 아전 등이 많이 살았다.

북촌, 혜경궁의 본가

내게 북촌은 대개 궁궐 답사와 연결된다. 북촌은 궁궐 바로 옆이어서 궁궐에 출입하는 세력가의 집이 많았다. 헌법재판소 자리에 고종 때 정승 박규수의 집이 있었는데, 이는 그 할아버지 연암 박지원의 집이기도 했다.

『한중록』의 저자 혜경궁 홍씨의 친정 또한 북촌에 있었다. 혜경궁 친정집에 대해서는 여러 말이 떠도는데 개중에는 근거가 분명하지 않은 것도 있다. 서울 동북쪽 수락산 기슭 벽운동 계곡에 혜경궁 집안의 별장이 있었다고 하는데, 사실 여부가 불확실하며 설사 별장이 확실히 있었다고 해도 혜경궁이 여기 오래 머문 흔적은 없다. 내가 혜경궁의 친정집 위치를 추적하며 깨달은 사실 하나는 우리가 옛날 사람들에 대해 편견을 지니고 있다는 것이다. 어떤 사람의 집과 관련된 기록이 하나라도 나오면 마치 그 사람이 평생 그곳에 산 것으로 생각한다. 옛날 사람들은 잘 옮겨다니지 않고 한곳에서 평생을 보냈을 거란 편견이다. 실제로는 서울 양반들은 요즘 사람들 못지않게 자주 이사를 다녔다.

14세기 이탈리아 토스카나 지방의 거상 프란체스코 디 마르크 다티니에 대한 책 『프라토의 중세 상인』^{이리스 오리고 지}을 읽다가 전근대 세계무역의 활발함에 놀란 적이 있다. 옛날 사람들은 대부분 자기 동네에서 태어나 자기 동네를 벗어나지 못하고 죽었겠거니 했다. 비록 대항해시대 이후 세계를 석권한 유럽인이라 해도 사정은 크게 다르지 않았을 거라 짐작했고, 기껏 무역을 한다 해도 후추 등 향신료나 무역하는 줄 알았다. 그런데 사실을 살펴보니 이동 거리는 놀라웠고 교역량 역시 엄청났다. 옛날 사람들이 우리와 아주 다르다고 생각하기보다 우리랑 비슷하다고 생각하는 편이 대체로 역사적 실정과 잘 부합한다.

혜경궁은 남편 사도세자가 폐세자되어 세자의 지위를 잃

고 또 뒤주에 갇히는 처벌을 받자 더이상 세자빈이 아니라 얼른 아들 정조와 함께 궁 밖으로 나와야 했다. 나와서 친정집으로 갔다는 기록이 보이는데 이로써 궁궐과 멀지 않은 곳에 친정집이 위치했을 짐작할 수 있다. 혜경궁 친정집에 대해서는 혜경궁의 오빠인 홍낙인이 남긴 「피음정기彼吟亭記」가 대략을 보여준다. 피음정은 홍봉한이 자제들의 공부를 위해 북촌 집에 지은 정자로 북으로는 북악이 보이고, 서로는 인왕산을 받치며, 아래로는 마을과 관청들이 있고, 고궁의 푸른 소나무와 회나무가 보인다고 했다. 혜경궁의 후손은 그 친정집이 안국동 구 풍문여자고등학교, 현 서울공예박물관 자리에 있었다고 하는데, 「피음정기」에 따르면 이곳보다 약간 북쪽 언덕 부근에 자리하지 않았을까 한다.

조선시대에 행세하던 양반이라면 적어도 세 군데의 거주 기반은 가지고 있었다. 서울집, 시골집, 그리고 서울 근교의 별장이다. 혜경궁의 시골집은 경기도 고양시 문봉동이라고 볼 수 있으며, 별장은 수락산 언저리에 있던 회식재晦息齋로 불린 집이다. 홍봉한의 삶을 보면 실각했을 때는 문봉동 고향집으로도 가고, 마포와 동대문에 있는 아들 집으로 가기도 했다. 아들들도 한 집에만 살지 않아서 수시로 이사를 다녔다. 혜경궁의 경우에는 서대문 밖 평동에 있는 외갓집에서 태어났고 할아버지와 아버지가 계속 벼슬을 했으니 어린 시절을 거의 서울 집에서 살았던 것으로 보인다. 북촌 골목골목 한옥들에는 이런 조선시대 최상층 양반의 일상이 묻어 있다.

겸재의 진경산수로 본 서촌

나는 북촌과 함께 지금 서촌이라고들 부르는 경복궁 서쪽의 세종마을을 좋아한다. 전망으로 치면 북촌보다는 서촌이 낫다. 어쩌면 서울을 향한 내 첫사랑이 여기서 시작되어서 그렇게 여기는 것일 수도 있다. 나는 서울 출신이 아니지만 처음부터 서울이 좋았다. 고등학교 때 라디오 음악방송에서 흘러나오던 서울 여학생들의 말씨까지 예쁘게 들렸다. 대학 입학 후 서울 생활을 시작하면서, 하굣길에 이동네 저 동네를 걸으며 돌아서 귀가한 초등학교 때처럼 주말이면 서울 여기저기를 돌아다녔다. 흑석동에서 노량진으로, 여의도에 갔다가 한강을 넘어 종로를 거닐었다. 더러 강남으로 나가기도 했지만 강북이 좋았다. 걸어다니는 것을 좋아해서 어지간한 길은 거의 도보로 다녔다. 노량진에서 바라보니 63빌딩이 넘어지면 코가 닿을 듯 가까이 있어서 금방 가겠지 생각했는데, 이리 돌고 저리 돌아 한참을 걷다 지쳤던 기억이 있다. 그때는 주변에 다른 변변한 건물이 없어서 63빌딩이 더욱 높고 가까워 보였던 듯하다. 그렇게 누비던 수많은 길 중에서도 경복궁 서쪽 길로 자하문터널을 빠져나가 부암동 서울 성밖으로 내려가는 길이 마음에 쏙 들었다. 자하문터널을 지나 내려오면 맞은편에 붉은 벽돌집들이 보였는데 벽돌색이 주는 차분한 느낌이 좋았다. 세검정을 휘돌아 평창동으로 가는 길에서는 어쩌면 전생에 내가 여기 살지 않았을까 하는 엉뚱한 생각까지 했다.

우리 국문학과 답사는 으레 지방으로 갔지만 나는 서울 답사가 필요하다고 주장했다. 내 전공인 소설은 원래 근대의 장르이자 여성의 장르이며 또 도시의 장르이기 때문이다. 명지대학교에 재직할 때 '서울 문화 탐험'이라는 이름을 붙여 봄가을로 학생들을 인솔해 서울 시내를 돌았다. 그럴 때 가장 선호한 곳이 서촌이다. 서촌을 둘러본 다음 부암동으로 넘어가기도 하고 멀리는 성북동으로 가서 박물관도 보고 갤러리도 다녔다.

서촌에서 인왕산으로 올라가면 동으로는 청와대, 서로는 양화대교가 보인다. 인왕산에서 양화진을 바라보면 지도로 보고 머리로 그렸을 때보다 훨씬 가깝게 느껴진다. 1866년 병인양요 때 프랑스 함대가 양화진까지 들어왔으니 이때 서울 사람들, 조선 궁궐에서는 이제 조선의 오백 년 종사가 끝이 났구나 실감했을 것이다. 세계의 중심이라 여긴 중국의 베이징을 가볍게 제압한 프랑스의 무력이 조선의 턱밑에 와 있었으니 조선인들이 느꼈을 위기감과 절망감이 얼마나 컸을지 짐작할 수 있다. 천주교 전래사를 연구하며 머리로 그리던 장면이 인왕산에 오르고야 선명해졌다. 이런 생생함은 기록이나 지도가 도저히 알려줄 수 없다.

인왕산 능선을 타고 북악 쪽으로 가면 소담한 윤동주문학관을 만난다. 문학관에 좀 못 미친 지점 언덕에서 바라보는 풍경이, 겸재 정선이 〈한양전경〉 또는 〈삼승조망〉으로 불린 그림에 담은 것이다. 멀리 남한산성과 관악산이 보이고 가까이 경복궁 터에는 소나무와 회나무 숲이 있다. 그리고 산 아래 남쪽으로는 구름 사이로 군데군데 마을이 보인다. 사방 산으로 둘러싸인 곳에 차분히 앉은 서울의 풍취가 그윽하다.

서촌에서 광화문 쪽으로 내려오면 육조거리의 관청가가 펼쳐진다. 광화문 남쪽으로 현재의 광화문 광장 자리에, 남북으로 뚫린 길 양옆으로 이조, 호조, 예조, 병조, 형조, 공조의 여섯 주요 기관 외에 의정부, 중추원, 사헌부 같은 관청과 서울시청이라고 할 수 있는 경조부가 있었다. 육조거리는 요즘의 정부 청사와 같다. 송강 정철의 시조에 "광화문 들이달아 내병조內兵曹 상직방上直房에/ 하룻밤 다섯 경更에 스물석 점點 치는 소리/ 그덧에 진적陳跡, 옛일이 되도다 꿈이런 듯하여라"했다. 정철은 삼십대 초반 젊은 나이에 병조에 근무했다. 내병조는 성문과 궁문의 관리를 맡는 곳이니, 숙직자가 성문 개폐를 책임졌던 모양이다. "다섯 경에 스물석 점"은 오경삼점을 가리키는 말로 해석된다. 옛날에는 밤 시간을 5경으로 나누고 1경은 다시 5점으로 나누었으니, 23점은 오경삼점에 해당한다. 요즘의 새벽 4시쯤인 이 시간이 되면 파루라 하여 33번 종을 울려 통금을 해제하고 성문을 열었다. 성문을 열면 장사치나 벼슬아치가 바쁘게 하루를 시작하기 위해 오갔을 것이니, 오랜 시간이 지난 후

종소리를 들으며 젊은 시절의 일을 회상한 듯하다. 육조거리 부근은 서울의 옛 모습이 잘 남아 있어서 골목길을 걸어다니는 재미가 쏠쏠하다. 걷다보면 미술관이 나오고 막다른 길에서 박물관을 만난다.

최근에 나는 근대 기독교 유적을 찾아다니고 있는데, 한국의 개신교회도 백수십 년의 역사를 이어온 곳들이 있어서 방문할 때마다 나름의 역사성을 느낀다. 광화문 광장 남단 서쪽의 새문안교회 역사관에서는 초기 교인들의 입교 과정이 담긴 문답서를 보고, 덕수궁 서쪽 정동제일교회에서는 아펜젤러의 선교에 대해 들으며, 인근 배재학당, 이화학당에서는 한국 근대교육의 역사를 만난다. 혜경궁 친정집 가까운 안동교회에서는 『무정』의 여주인공 김선형의 아버지인 김장로가 여기 신자였을까 생각하며, 종로 5가 연동교회에서는 『구운몽』을 처음 영어로 번역한 제임스 게일 목사의 흔적을 찾는다. 서촌에서 북촌으로, 서대문에서 종로를 거쳐 동대문으로 가는 길을 짚으며 전근대에서 근대로 오늘의 우리가 만들어진 과정을 발견한다.

남촌과 서민의 삶

『춘향전』에는 이런 구절이 있다. "남대문이 개구멍이요, 인정이 매방울이요, 선혜청이 오 푼이요, 호조가 서 푼이요, 하늘이 돈짝만하고 땅이 맴돈다." 이도령이 춘향 집에서 춘향을 만나 술을 마시며 놀다가 크게 취했는데, 그 상태를 그린 말이다.

술을 마셔 정신이 어지럽고 호기가 나니 세상 모든 게 만만해 보인다. 조선의 대표 대문인 남대문이 개구멍처럼 작게 보이고, 종로에 있는 큰 종인 인정이 매방울처럼 작게 보인다. 인정은 매일 통금을 알리는 종으로, 해질녘에 28번을 쳐서 서울 시내에 통금을 알린 뒤 성문을 닫고, 새벽 해뜨기 전에 33번을 쳐서 통금을 해제하고 성문을 개방했다. 선혜청은 대동법을 시행하는 곳이니 오늘날 국세청에, 호조는 국가 예산을 관리하는 곳이니 오늘날 기획재정부에 해당한다. 국가 예산을 주무르는 곳의 돈이 몇 푼에 불과하다고 했다. 이 구절에 나오는 지역은 모두 남대문과 종로, 광화문 부근이다. 서울 도성을 남북으로 나누어보면 대개 남쪽에 해당하는 지역이다. 서울 남쪽은 북쪽 구역과 비교할 때 상인이나 서민이 많이 살았다. 위의 속언은 서울에서 정부 기관을 상대해서 장사를 하는, 서울 남쪽에 사는 공인貢人들이 썼을 법한 말이다. 술 한잔 먹고 나니 거칠 것이 없어서, 제 목줄을 쥔 정부 기관조차 대수롭지 않게 여긴다. 하늘이 돈짝만하니 뭔들 대단할까. 땅은 계속 빙빙 돈다. 이렇듯 돈과 술, 상업과 유흥이 어우러진 곳이 남촌이다.

19세기 말 조선에 온 서양인들은 조선을 '조용한 아침의 나라'라고 불렀다. 아침 '조' 자와 고울 '선' 자의 조선이라는 국호를 그리 번역한 것이겠지만, 수도 서울의 고요함도 한 이유가 된다. 이사벨라 버드 비숍은 『조선과 그 이웃 나라들』에서 "서울 밤의 고요함은 매우 인상적이다"라고 했다. 그는 밤이 오면 순식간에 길거리에 남자들이 모두 사라지고 여성들이 쏟아져나오는 기이한 풍경을 소개했다. 조선시대 서울에 야간 통행금지가 존재했어도 여성은 예외였다. 남성이 사라진 곳에 여성들이 활개를 쳤으니, 밤의 종로는 여인의 거리였다. 알렌은 그의 견문기1908에서 "서울은 고요한 밤의 도시"라고 했다. 서울 밤에 들리는 소리라고는 다듬이질 소리, 순라군이 육모방망이 두드리는 소리, 개 짖는 소리가 전부라고 했다. 이런 서울에 철도가 부설되고 철마가 달려오자 모든 사람이 우렁찬 소리에 놀랐다. 한국에서 근대의 표상은 무엇보다 소리였다. 신체시 「해海에게서 소년에게」에서 밀려오는 파도 소리를 그렸던 최남선은 「경부철도가」에서는 굉음을 울리며 고막을 때리는 철마 소리를 묘사했다. 그리고 이광수는 『무정』에서 전차 소리, 증기와 전기 기관 소리, 인력거 소리, 수레바퀴 소리, 나막신 소리로 근대를 실감했음을 보였다.

남촌 중에도 특히 광통교 주변은 상업 지역이면서 예술과 오락이 함께하는 문화 구역이었다. 광통교 가에는 그림 가게가 있었는데 거기서 다리에 〈백동자도〉〈요지연도〉〈구운몽도〉 등을 걸어두어 그림들이 바람에 날리는 모습이 인상적이었다. 광통교 남쪽으로 가면 다동인데 아직도 술집과 음식점이 많다. 다동을 옛날에는 다방골이라고 불렀는데 '다방골 잠'이라는 속언이 그곳이 어떤 지역인지 알려준다. 다방골에는 기생집이 많아서 늦은 밤까지 술을 마시고 논 기생과 취객이 다음날 아침까지도 일어나지 못했다. 그래서 늦잠을 가리켜 다방골 잠이라고 한다는 것이다. 이렇게 갤러리, 술집, 상점이 섞인 곳이 남촌이다.

소설에 미친 서울

  남촌은 소설 연구자인 내게는 소설이 들끓는 공간이기도 하다. 소설을 창작하는 사람, 소설을 베끼는 사람, 소설을 찍는 사람, 소설을 파는 사람, 소설을 읽는 사람까지. 집에서 가게에서 시장에서 소설을 팔고 사고 읽고 들었다. 김대우 감독의 영화 〈음란서생〉에 나오는, 음란소설 작가와 독자의 꿈과 욕망이 들끓는 곳을 떠올리면 쉽게 이해할 것이다.

  18세기 서울에 소설 열풍이 불었다. 소설책을 베껴 빌려주는 세책집이 등장했고, 어떤 여성은 한 번에 한 면을 읽어내리는 속독으로 하루 수십 권의 소설을 읽었다. 소설 출판과 아울러 길거리와 시장에서 소설을 읽어주는 낭독자가 나왔다. 주로 한글로 쓰인 소설로 전국이 하나의 독서 공동체로 묶였으니, 이규상 같은 선비들은 한문이 한글에 지위를 내주는 세계사적 변혁이 나타나리라 예견하기도 했다. 한문만 유일하게 높은 가치를 지닌 공식 문자로 취급하는 시대를 지나, 소설의 주요 표현 매체인 한글이 널리 퍼져 중요해지는 시대로 변화하리라 예견한 것이다. 18세기 종로의 한 담뱃가게에서 읽어주는 『임경업전』을 듣던 어떤 사람이 임경업 장군이 누명을 쓰고 죽는 대목에 이르자 눈을 부릅뜨고 담배 써는 칼로 이야기꾼을 찔러 죽인 사건이 있었다. 사람들은 소설에 빠져 있었고 소설에 미쳐 있었다.

몇 년 전 김탁환 작가가 조선 후기 소설 유행을 다룬 『대소설의 시대』를 출간하며 출판기념회에 축사를 부탁해왔다. 김 작가는 한국고전소설 전공으로 박사과정까지 수료했다. 조선시대 소설 전공자가 소설 향유 풍속에 대한 소설을 써서 당대 소설 향유의 거점이라고 할 서울 중심부 서울시청 지하 강당에서 출판기념회를 열었다. 초여름밤, 소설 애독자들 앞에서 나는 다음과 같은 축사를 전했다.

오늘 『대소설의 시대』 출간기념회, '백탑파의 밤' 축사를 맡게 되어 영광입니다.

김탁환 작가가 말한 '대소설의 시대'는 두 가지 의미가 있지 않나 합니다. 먼저 작품에서 거론된 소설들의 분량이 방대하다는 것입니다. 학계에서는 조선 후기 성행한 방대한 분량의 소설을 대하소설, 대하장편소설, 대장편소설 등으로 불러왔습니다. 일례로 『완월회맹연』이라는 작품은 무려 180권에 이릅니다. 어림잡아도 박경리

선생의 『토지』보다 분량이 약간 많지 않나 합니다. '대소
설의 시대'란 이런 묵직한 대장편을 읽은 시대라는 말입
니다. 책과 독서에 대한 연구로 유명한 하버드대학 로버
트 단턴 교수는, 18세기 프랑스에서는 6부작 거편인 루
소의 『신엘로이즈』를 많은 사람들이 눈물을 흘리며 읽었
는데 지금은 이 작품을 보고 그럴 사람이 거의 없다고 했
습니다. 이미 감수성이 많이 달라졌을 뿐만 아니라 어쩌
면 그럴 여유가 없는지도 모릅니다. 조선 후기도 18세기
프랑스처럼, 아니 그것보다 훨씬 더 대소설에 빠졌던 듯
합니다.

대소설은 또한 '소설에 미친'이라는 의미가 있지 않나
합니다. 중세 유럽에는 곳곳에서 지금의 발전된 공법으
로도 쉽게 지을 수 없는 대성당이 수없이 지어졌습니다.
바티칸대성당이나 밀라노대성당처럼 입을 다물 수 없게
하는 엄청난 규모의 성당이 어떻게 이렇게 많이 만들어
졌는지 한 저명 건축가에게 물은 일이 있습니다. 그분의
말이, 미치지 않고서는 할 수 없는 일이라더군요. 대성당
의 시대가 성전에 미친 사람들의 시대라면 대소설의 시
대는 소설에 미친 사람들의 시대입니다.

조선은 원래 이야기와 소설에 미친 나라였습니다. 조선 후기 한반도에 온 외국인들은 이구동성으로 조선인의 소설과 이야기에 대한 열정을 말했습니다. 대소설의 시대는 극단에 이른 조선 사람들의 지적 욕구와 서사 욕구를 보여줍니다. 무엇인가를 알고 싶어하고 어떤 이야기를 듣고 싶어하는 사람들은 자기 인생을 변화시키고자 하는 사람들입니다. 지금 우리도 그렇지만 조선 후기의 조선인들이 그랬고『대소설의 시대』주변 인물도 그렇습니다.

　이런 시대의 한 국면을 김탁환 작가가 탁월하게 그려냈습니다. 18세기 사람들의 삶은 물론 의식과 감정까지 시시콜콜 연구했고, 당시의 방대한 소설들을 읽으며 소설사를 재구성했습니다. 아마 이런 작품은 오랫동안 나오기 어려울 것이라고 생각합니다. 오늘 여기 서울시청 자리는 삼백 년 전 조선에서 소설 열기가 가장 뜨거웠던 곳입니다. 바로 이 자리에 소설책을 빌려주던 세책점이 있었습니다. 그 뜨거웠던 세책점 위에서 대소설의 시대를 말하게 되어 무척 기쁩니다. 감사합니다.

궁궐 산책

내가 궁궐에 특별히 관심을 가지게 된 것은 『한중록』 번역을 시작하면서부터다. 궁궐은 조선문화의 정수이기에 국문학 교수로서 궁궐에 대해 보통 수준의 관심과 이해는 있었다. 그러나 깊이 알지는 못했다. 그러다 『한중록』을 번역하면서 비로소 제대로 들여다보았다. 궁궐의 제도, 풍습, 언어를 모르면 작품을 이해할 수 없기 때문이다. 이후 시간이 나면 혼자서 또는 학생들을 데리고 궁궐을 답사하고 안내했다. 창덕궁부터 시작해 창경궁, 경복궁, 덕수궁과 경희궁까지, 종묘와 사직은 물론 온양의 행궁까지 답사했다. 『한중록』 번역서를 출간할 무렵에는 궁궐이 내 전문 분

야 가운데 하나라고 소개해도 괜찮지 않을까 하는 자부심
이 들 만큼 공부가 깊어졌다. 이후 『권력과 인간』을 쓰면서
다시 미흡한 공부를 보완했다. 『권력과 인간』 부록에 사도
세자를 중심에 둔 궁궐 답사에 대한 내용을 넣기도 했는데,
그 내용을 포괄해 이번에는 좀 넓은 각도에서 궁궐을 소개
한다.

문학연구자로서 내게는 궁궐도 하나의 텍스트다. 『한중
록』을 읽듯이 궁궐을 이야기가 담긴 서사 공간으로, 인간
과 이야기가 살아 숨쉬는 공간으로 보고자 한다. 탄생과 죽
음, 사랑과 증오, 권력 암투와 권모술수, 배신과 상처 등 궁
궐에 깃든, 인간들의 삶을 읽어내고 이야기하려는 것이다.
보통 건축과 기술, 법과 제도의 관점에서 궁궐을 이해하는
것과는 다른 차원이다.

모든 궁궐이 다 자기만의 역사와 이야기를 가지고 있지
만 답사 거리가 많은 궁궐은 단연 창경궁과 창덕궁이다. 이
두 궁궐은 하나의 큰 울타리 안에 자리해서 서울 서쪽의 궁
궐인 서궐 경희궁과 북궐 경복궁과 함께 동궐이라 불렸다.
동궐은 조선 임금들이 가장 오랜 기간 머물렀기에 옛 흔적
과 이야기를 가장 많이 간직한, 궁궐 중의 궁궐이다. 그만

큼 볼거리 들을 거리가 많다. 경복궁은 조선 초기에 약간 사용되었으나 임진왜란 때 불타 터만 남은 것을 고종 때 중건하여 다시 조금 사용한 데 불과하고, 경희궁은 그에도 미치지 못하는 수준으로 영조 등이 약간 이용했을 뿐이다. 그리고 덕수궁은 임진왜란 직후와 고종의 아관파천 때 조금 이용되었을 뿐 다른 궁궐과 비교하면 임금의 임시 거처인 별궁에 가깝다.

나는 사람들을 인솔해 동궐 안내를 할 때 보통 두어 시간 남짓으로 계획을 세운다. 굳이 무리해서 많은 것을 보여주지 않는다. 관광지에 오래 머물러 지치게 하고 싶지 않다. 창덕궁 후원을 좋아하지만 봄가을 날이 좋을 때면 단체 입장권을 구하기가 여간 어렵지 않으므로 볼 수 있으면 다행이지만 그러지 못하면 선선히 포기한다. 개인적으로라도 꼭 방문하라고 권하면서 후원이 어떤 곳이고 무엇을 볼 수 있는지 간략히 설명한다. 운이 좋아 후원을 볼 수 있으면 거기에 한 시간을 할애하고 창경궁과 창덕궁 낙선재 구역을 서둘러 한 시간 반 정도 돌아보지만, 후원 입장표를 구하지 못하면 느긋하게 창경궁을 한 시간 남짓 구경하고 후원을 제외한 창덕궁 일대에서 한 시간 정도 머문다. 예산이 넉넉하면 창덕궁을 나와 옛 '공간' 사옥에 있는 고급 레스토랑에서 창덕궁을 내려다보며 식사를 하고, 예산이 빠듯하면 칼국숫집이나 아귀찜 집에서 궁궐 흙바닥을 다니며 컬컬해진 목을 막걸리로 축인다. 어느 쪽이 더 좋다고 가릴 수 없을 정도로 둘 다 만족스런 뒤풀이다.

궁궐 구조 읽기

동궐 답사는 보통 출발점을 창경궁 홍화문 안쪽 행랑으로 잡는다. 창경궁 매표구가 번잡한 대로변에 위치해 답사자들이 모여 기다리기 불편한데, 행랑에는 비와 햇살을 피해 앉을 그늘까지 있다. 모인 분들에게는 우선 종이 두 장을 나누어준다. 하나는 〈수선전도首善全圖〉이고 다른 하나는 〈동궐도東闕圖〉다. 앞의 것은 19세기에 그려진 서울 지도이고 뒤엣것은 1820년대에 제작된 궁궐 그림이다. 이 자료를 보여주며 서울에서 궁궐이 어디에 위치하는지, 그리고 그 구조가 어떠한지 설명하고 현재 궁궐의 모습과 비교하도록 한다. 궁궐로 들어가기 전에 궁궐의 대략을 설명하는데, 궁궐을 이해하려면 다음 세 가지에 유의하라 강조한다. 첫째, 구조를 살피라. 둘째, 역사를 보라. 셋째, 특징을 생각하라.

서울 도성을 동서남북의 방위로 보면, 중앙에서 약간 북쪽에 경복궁이 자리잡고 있다. 경복궁 바로 뒤에는 북악이 있고 그 뒤를 다시 북한산이 감싸고 있다. 궁궐 앞에는 청계천이, 그 앞쪽에는 한강이 흐른다. 풍수설에서 말하는 전형적인 배산임수 구조다. 수도를 정할 때 세워진 경복궁을 중심으로 서울의 구조를 보자. 왕실에서 올리는 제사의 대상으로 조선의 이념적 지향을 알 수 있는데, 궁궐 서쪽에 위치한, 땅과 곡물의 신에 제사지내는 사직단社稷壇으로 조선의 물적 기반이 농업임을 알 수 있고, 동쪽에 위치한 왕실 조상에게 제사지내는 종묘宗廟로 정치적 정통성의 근원을 찾을 수 있다. 또 창경궁 북동쪽에 있는 공자를 제사지내는 문묘文廟로 조선의 지배 이념을 알 수 있다. 창덕궁 북서쪽에는 임진왜란 때 도와준 명나라 임금을 제사지내는 대보단大報壇이 자리하는데 조선 후기 영조 대에 세워진 것이긴 하지만 이로써 조선의 문화적 외교적 지향을 짐작할 수 있다. 이렇듯 서울 성곽 안 주요 제사처만 보아도 조선이 농업을 중시한 유교 국가였으며 사대의 문화 외교 정책을 취했음을 자연스레 짐작할 수 있다.

〈수선전도〉를 가지고 서울 성내에 산재한 여러 궁궐의 위치를 확인한 다음 〈동궐도〉를 들고 시야를 좁혀 동궐에 대해 설명한다. 궁궐은 크게 치조治朝, 연조燕朝, 외조外朝로 나눈다. 치조는 임금의 통치 공간으로 공식 행사에 사용하는 정전正殿인 인정전과 일상적 업무 공간이라 할 편전便殿인 선정전, 희정당 등이 있다. 연조는 임금의 생활 공간인데 여기에는 왕비와 대비의 처소가 들어간다. 사가로 말하자면 안채와 같은 곳이다. 대조전, 경복전 외에 기타 후궁 처소, 후원과 같은 휴식 공간이 포함된다. 외조는 왕실 인물이 아닌 외부 관료가 들어와 업무를 보는 공간이다. 내의원, 이문원, 승정원 등 궐내각사闕內各司라고 불리는 기관이 들어와 있다. 쉽게 말해 궁궐은 여러 보조 기구를 포괄하여 임금이 통치하고 생활하는 공간이다.

역사를 보라는 말은 궁궐이 역사적 존재임을 명심하라는 뜻이다. 지금의 궁궐은 20세기 초의 모습에 멈추어 있다. 아니, 그 시대 모습의 일부를 간직한 채 오늘날 역사로 존재한다. 근대 이후에도 수차례 훼손되었기에 지금 궁궐은 조선시대의 모습을 온전히 보여주지 못한다. 〈동궐도〉

를 보면 지금의 궁궐과 1820년대 실제 사용되었던 궁궐이 얼마나 다른지 한눈에 알 수 있다. 그때는 궁궐 안에 집이 촘촘히 박혀 있었는데 지금은 그 집 대부분이 사라지고 큰 전각 몇 개만 남아 있다. 그런데 또 〈동궐도〉를 보고 "이것이 동궐이다"라고 확정해서도 안 된다. 〈동궐도〉의 동궐은 1820년대의 모습으로만 보아야 한다. 한 시대의 것만 보고 모든 시대가 아무런 변화 없이 꼭 같으리라 여기는 우를 범하지 말라는 의미다. 궁궐은 거듭해서 화마에 휩쓸렸다. 불이 나서 타고 나면 예전 모습을 그대로 살리는 것이 아니라 전체 구조까지 바꾸어왔다. 이렇듯 계속 변해온 것이 궁궐이다. 그 점을 먼저 새긴 다음 참가한 분들에게 오늘은 가장 많은 자료가 남은 18세기, 19세기를 중심으로 답사를 진행할 것이라고 말한다.

낮은 담장과 검박함

궁궐의 특징을 생각하라는 것은 눈에 보이는 것의 이면을 읽으라는 말이다. 이때 비교문화적 접근이 유용하다. 조선 궁궐을 중국, 일본이나 유럽의 궁성과 비교해보는 것이다. 18세기 일본의 외교 교육자인 아메노모리 호슈雨森芳洲는 조선에 대한 외교 가이드북이라고 할 만한 『교린제성交隣提醒』을 썼는데, 이 책에는 조선 궁궐을 예로 들어 일본 역관을 타이르는 장면이 있다. 조선 역관들은 자기들 궁궐에서 임금이 보리농사를 짓는 것을 자랑스러워하는데, 일본 역관들은 궁궐에 예쁜 꽃으로 꾸민 정원을 만들지 않았다며 촌스럽다고 놀린다는 것이다. 임금이 농사를 중시하고 솔선해 직접 농사를 짓는 데 자부심을 느끼는 조선과 달리 일본인은 이를 이해하지 못하고 궁궐은 호사스러워야 한다고 여긴다는 말이다. 여기서 조선 궁궐의 한 가지 특징을 읽을 수 있다. 일본 궁성은 물론이고 프랑스 베르사유 등 화려한 궁궐 정원을 둔 나라와 달리 조선 궁궐은 중농주의와 애민의 통치 이념을 바탕으로 만들어졌다. 〈동궐도〉를 보면 창경궁 북쪽 춘당지 부근에 큰 논이 있는데, 여기서 임금이 몸소 농사짓는 모습을 백성들에게 보여주었다. 지금은 그 흔적이 창덕궁 후원 청의정 앞의 손바닥만한 작은 논으로 남아 있다.

또다른 특징은 담장이 낮다는 것이다. 중국 베이징의 자금성은 말할 것도 없고 일본 도쿄의 에도성만 해도 성 주변에 넓은 해자를 파두고 성을 높고 두꺼운 벽으로 둘러쌌다. 이에 비해 동궐은 해자도 없이 재주 좋은 사람이 한 사람만 도와줘도 훌쩍 넘어갈 수 있을 만큼 낮은 담장을 두었다. 역사 기록을 보면 모반자들이 그렇게 담을 넘나들었다고 한다. 왜 이렇게 담장이 낮을까. 왜 외부의 공격과 침입에 별 신경을 쓰지 않은 것일까. 한양성이 멀리 산의 지세를 이용해 궁궐을 두르고 있으니 궁궐 담이 낮아도 괜찮다고 말할지 모른다. 또 급격히 방비를 강화하면 중국의 의심을 살 수 있어서 더 높이 쌓지 못했을 수도 있다. 그런 점을 감안해도 한 나라의 궁성 담장으로는 너무 낮다. 어쩌면 내란은 개의치 않았고 외침이 있으면 궁궐을 포기하는 방어 전략을 취했기 때문인지도 모른다. 임진왜란에도 병자호란에도 모두 임금이 궁궐을 버리고 북으로 가거나 남한산성으로 피신했다. 어떤 경우든 왕실이 외부의 공격을 걱정하고 신경을 많이 썼다면 지금처럼 궁궐을 설계하지는 않았을 것이다.

낮은 담장은 친화와 소통의 상징이다. 담장이 낮은 만큼 임금은 백성들과 거리를 두지 않았다. 1800년 3월 치른 과거 시험에 삼만여 명의 응시자가 창경궁에 들어와서 일대 혼란이 벌어졌다. 궁궐을 이처럼 개방한 나라가 조선 외에 또 있을까 싶다. 그리고 1795년, 죽은 사도세자와 혜경궁의 회갑년이 되었을 때 정조는 직접 창경궁 홍화문으로 나가 노인들에게 쌀을 나누어주었다. 이처럼 조선 궁궐은 임금이 백성들과 직접 만나 소통하는 곳이었다.

조선 궁궐은 또 검소하다는 특징이 있다. 조선시대를 통틀어 섬세하고 화려한 건물과 공예품을 찾아보기가 쉽지 않다. 유교문화가 소박함과 검소함을 추구했기 때문이다. 궁궐도 예외가 아니다. 중국, 일본의 화려함에 비하면 누추하다고 해도 과하지 않다. 조선은 신하는 물론 영조 등 임금까지 늘 사치를 경계했으니 궁궐 건물이 화려해질 수 없었다. 정조는 후궁 수빈 박씨와 영춘헌에 머물렀는데, 비가 와 천장에서 물이 떨어지는데도 수리를 못하게 했다. 작고 낮은 집에 비가 새는 초라함까지 자랑했으니, 호화찬란한 궁궐은 차마 꿈에도 그려볼 수 없었다.

비교 범위를 넓혀 유럽 국가의 궁성이나 수도와 비교하면 더 큰 차이가 드러난다. 각 지역 영주들이 쌓은 높은 성곽 등 방어 시설의 규모는 중국이나 일본과 유럽이 다를 바

없지만, 도시 내부의 궁성 등 배치를 보면 큰 차이가 있다. 파리, 런던 같은 유럽 주요 도시를 살피면 도심에 궁궐과 함께 대성당이 있고 광장과 오페라 극장이 배치된다. 수도에 궁궐, 종교시설, 광장과 극장이 자리하는 것은 서양 도시의 오랜 구조다. 서양문화의 원형이라고 할 그리스 아테네에도 신전이 모인 아크로폴리스가 있고, 그 아래에 디오니소스 극장과 아고라가 있다. 군주제가 아니었으니 궁궐이라 할 만한 것은 없었지만 종교시설, 극장, 광장을 갖추어 민주주의 정치 체제에 맞도록 구성했다. 로마 또한 판테온과 바티칸성당, 콜로세움 외에 곳곳에 광장이 있으니, 유럽의 모든 도시가 똑같지는 않아도 유사한 구조다. 한국을 비롯해 동아시아 국가에 광장과 극장이라는 시민의 집합 장소가 보이지 않는 모습과 큰 차이가 있다. 이렇듯 우리는 궁궐을 살피며 각국의 문화적 이념적 특징을 읽을 수 있다.

이 정도 설명한 후, 내가 『한중록』을 중심으로 영조와 정조 시대를 공부했으니 그 시대를 중심으로 안내하겠노라 말하고 본격적으로 답사를 시작한다. 요즘은 무선 송수신기가 좋아서 그것을 빌릴 수 있으면 일행을 한자리에 모아 놓고 설명할 필요가 없어서 더욱 편리하다. 이후 소개할 궁궐의 일상생활이나 궁궐의 건축과 기물에 관해서는 이동중에 간간이 설명한다.

궁궐의 일상생활

궁궐은 그 자체로 작은 도시다. 임금에게는 업무 공간이자 생활 공간이었으며, 임금 외에 왕비, 대비, 왕자, 공주, 궁녀, 환관 등 수많은 사람들이 좁은 공간에서 부대끼며 살아갔다. 사람만이 아니라 개, 고양이 등 동물도 있었는데, 내의원에서는 똥을 약으로 쓰기 위해 개를 키웠고, 숙종 임금은 궁궐을 떠돌던 고양이를 데려다 기르기도 했다.

궁궐은 산 사람만 사는 곳이 아니었다. 산 자와 죽은 자가 공존했다. 궁궐 바깥에도 제사 공간이 많지만 궁궐 안에도 제사 공간이 적지 않다. 많은 사람이 살았기에 죽는 사람도 많았고, 또 왕실은 민간에 비해 특별히 상례 기간이 길고 제사가 빈번하기에 거기에 배정된 임시 공간이 많았다. 재실齋室, 빈전殯殿과 혼전魂殿이 대표적이다. 재실은 제사 준비에 쓰며, 빈전은 임금이나 왕실 인사가 죽으면 무덤에 묻기 전 통상 4개월 동안 시신을 두는 곳이다. 혼전은 매장을 한 후 가져온 신주를 삼년상을 끝내고 종묘 등으로 옮기기 전에, 또는 왕비라면 임금이 죽고 나서 함께 종묘에 모시기 전에 임시로 두는 공간이다. 전殿과 궁宮은 구별하여 사용했으니 빈전과 혼전이 있으면 빈궁과 혼궁도 있다. 대전·중전·대비전 등 임금 부부와 그 조상에게는 전이라는 이름이 붙고, 후궁·세자궁 등 그 아랫사람에게는 궁이라는 이름이 붙는다. 그리고 선원전璿源殿은 역대 임금의 영정을 모신 곳이다. 조선시대에는 초상을 거의 살아 있는 사람과 마찬가지로 취급했다. 영조는 중요한 일을 행하기 전에 늘 선원전으로 가서 참배했다.

임금 중에는 자신만의 궁궐 생활 수칙을 가진 이도 있었다. 업무와 사생활을 분리하거나, 공적인 관계와 사적인 관계를 나누는 것이다. 영조는 공간을 철저히 분리했다. 편전에서 신하를 불러 만날 때는 '인견의대'를, 내실로 들어갈 때는 간편복으로 바꾸어 입음으로써 업무와 사생활을 구분했다. 또 정조는 음식으로 안과 밖을 나누었는데, 아무리 큰 권력을 쥐여준 신하라도 진심으로 신뢰하고 사랑하지 않으면 자기가 내실에서 먹는 음식을 나누어 먹지 않았다.

그래서 정조 사후 정조의 사당에 신주가 함께 모셔질 만큼 정치적으로 중요한 지위에 있던 김종수조차 정조의 내실에서 밥을 먹지 못했다. 임금의 이런 안팎에 대한 관념은 『한중록』에 기록되어 있다.

건축과 기물

궁궐 건물의 특징으로 먼저 단청을 들 수 있다. 단청은 민가에서는 쓸 수 없는 것으로, 신성한 존재가 머무는 공간임을 나타낸다. 부처님이 계신 신성한 절에 단청을 쓰는 것처럼 궁궐에는 성인^{聖人}으로 불리는 임금이 머물기에 그렇게 한다. 그래서 궁중에서는 오히려 단청이 없는 집이 주목을 받는다. 창덕궁에서는 창경궁 쪽으로 가는 길에 위치한 낙선재와 후원에 있는 연경당이 그렇다. 19세기에 임금과 세자가 선비들의 청아한 세계를 본받고자 단청이 없는 집을 지었다고 한다.

전각 앞 넓은 테라스인 월대^{月臺} 한구석에는 돌로 만든 큰 물그릇 같은 게 있다. 드므라고 하는데 불의 신이 건물로

114

들어오다가 여기에 자기 얼굴을 비추어보고는 흉측한 형상에 놀라 도망가라고 놓아두었다 한다. 궁궐이 얼마나 화재를 두려워했는지 알 수 있는 부분이다. 목조 건물들이라 화재에 취약하고 바람이라도 잘못 만나면 대형 화재로 이어지기에 늘 조심했다. 아쉬운 점은 이렇게 화재를 염려하면서도 그것을 막기 위한 적절한 조직과 설비는 갖추지 않았다는 것이다.

궁궐 건축에서 가장 인상적인 부분은 지붕이다. 창덕궁에서는 왕의 집무실인 선정전에 유일하게 청기와를 올렸다. 제왕의 처소에 가장 고급스러운 기와를 올렸다고 할 수 있다. 또 왕과 왕비의 처소인 대조전에는 용마루가 없는데, 대조전은 용자龍子라고 불리는 왕자를 낳는 곳이니 그 위에 용마루의 용을 두어 아래를 누르게 할 수 없었던 것이라 해석한다. 그런데 우리 궁궐과 유사한 형태의 중국 건축을 살펴보면 꼭 그렇게만 해석할 일인지 의문이다. 중국 건축물에는 일반 건물에 용마루가 없는 경우가 허다하다.

나는 궁궐 지붕에 올려놓은 잡상을 좋아한다. 잡상은 삿된 것을 물리치고자 하는 뜻으로 만들었다는데, 각각의 형상이 무엇을 형용했는지는 정확히 알 수 없다. 일설에는

『서유기』의 삼장법사와 손오공 등 등장인물을 형상화했다고 하지만 설득력이 약하다. 이유를 찾을 수 없기 때문이다. 아마도 인도와 중국 등을 거쳐 들어온 신상이 원래의 의미와 특징을 잃으면서 '잡상'이 되어버린 것 아닌가 한다. 지붕에 줄지어 앉은 익살스레 보이는 잡상은 조선 궁궐에 인간미를 더한다.

정전의 임금 자리 뒤에 놓인 다섯 산봉우리 위로 해와 달을 동시에 그려놓은 일월오봉^{日月五峯} 병풍도 흥미롭다. 임금이 낮과 밤을 아우르는 온 세상의 주재자임을 보여주는, 조선 왕실에만 있는 독특한 작품이다. 이 정도 말하고 나면 건물이나 유물 앞에서 시시콜콜 따로 설명할 필요가 없다.

창경궁

창경궁 홍화문에서 출발하면 옥천^{玉川}을 건너야 정전인 명정전으로 갈 수 있다. 동궐에서는 정전으로 넘어가려면 반드시 작은 물길을 건너야 한다. 창덕궁에는 금천^{禁川}이 있다. 다리를 건너며 신성하고 엄숙한, 일반인에게는 금지된 궁궐이라는 공간에 들어온 것을 체감한다. 창경궁의 경우 북쪽 응봉에서 내려온 물이 궁궐 수문을 통해 청계천으로 흘러가는데, 사도세자가 뒤주에 갇히기 전전날 밤 아버지 영조를 죽이러 갈 때 저기 수문 아래를 통해 갔을 것이라고 설명한다.

궁궐 답사는 대개 낮에 이루어지지만 당연히 궁궐에도 밤이 있다. 고요한 궁궐의 밤, 궁 밖에서 개 짖는 소리가 들리자 궁궐의 개들이 덩달아 짖는다. 영조는 개 짖는 소리 때문에 잠을 이루지 못한다는 글을 남겼다. 또 숙종 때 장희빈은 취선당에서 촛불을 켜놓고 인현왕후를 저주했다고 이야기하고 사도세자는 밤마다 『옥추경』을 읽으며 귀신을 부르기도 했다. 궁궐을 둘러보며 이런저런 상상을 하면 보고 듣는 것이 확장돼 더욱 흥미롭다.

명정전은 1616년에 재건한 건물로 조선 궁궐의 정전 중 가장 오래되었다. 명정전은 건물이 앉은 방향이 특이하다. 임금은 늘 남쪽을 향해 앉는 게 법이라 남면南面한다고 하는데 명정전은 동쪽을 향한다. 이로써 창경궁이 원래 임금이 머물 목적으로 만든 궁궐이 아님을 알 수 있다. 창경궁은 창덕궁의 보조궁으로 대비大妃들이 살도록 마련한 곳이었다.

영조는 사도세자를 뒤주에 가두는 처분을 하러 왔을 때 명정전이 아니라 바로 옆 건물인, 남쪽을 향해 앉을 수 있는 문정전으로 왔다. 당시 문정전은 영조의 첫번째 왕비인 정성왕후의 신주를 모신 혼전으로 이용되었기에 부모가 함께 아들을 처벌한다는 뜻을 보이려고 문정전을 택했을 수도 있다. 혼전으로서의 문정전은 휘령전으로 명명되었다.

문정전 뒤로 나가면 정조가 태어났으며 또 혜경궁이 오래 살다가 죽은 경춘전이 있고, 그 북쪽으로는 통명전이 있다. 정조가 태어날 때 사도세자가 용꿈을 꾸어 경춘전 방안에 용 그림을 붙여놓았는데 그것이 순조 때까지도 남아 있었다고 한다. 경춘전에는 정조가 태어났다고 해서 탄생전誕生殿이라는 현판이 걸려 있기도 했다.

통명전은 때때로 창경궁 관리소에서 방 안으로 들어갈 수 있게 개방하기도 한다. 그런 날이면 한가롭게 마루에 앉아 한때 이곳 주인이었던 숙종의 계비 인원왕후 등 대비들의 이야기를 들려준다. 임금의 어머니인 대비와 할머니인 대왕대비는 궁중에서 임금과 대립할 수 있는 유일한 권력자였다. 다른 사람들은 임금의 명령을 거역하기 어렵지만 이들은 임금의 효도를 받을 사람이므로 임금의 결정에 반대할 수 있었다. 이들이 임금과 대결하는 방법은 대개 두 가지인데 하나는 내의원에서 올리는 약을 먹지 않는 것이고, 다른 하나는 식사 거부다. 임금의 부당한 명령 때문에 살 뜻을 잃었다는 표현이다. 그러면 효자인 임금은 고집을 굽히지 않을 수 없다. 충효를 가장 중요한 덕목으로 여기는 유교 국가에서 임금이 불효를 할 수는 없기 때문이다. 이런 식으로 대비와 임금이 대립하는 일이 흔했다.

통명전 앞에는 연못이 있는데 그것을 가리키며 사도세자가 미쳐 발광할 때 후궁에게서 낳은 자식을 이 연못에 던지기도 했다는 얘기를 들려준다. 기적적으로 아이가 연잎 위에 떨어져 목숨을 건졌다고 하며, 그래서 아이 이름을 '연닢이'라고 불렀다고도 이야기하면 모두들 탄식한다. 궁궐 내 왕손의 운명은 생각만큼 그리 유복하지 않았다. 지금도 간혹 사건이 터지면 권력가나 재벌집 사람들의 속사정을 엿볼 수 있는데 밖으로 비치는 화려함과 달리 어둠과 상처가 깊이 드리워져 있다.

통명전 동편에는 정조가 후궁 수빈 박씨와 머문 영춘헌이 있는데 검소한 건물을 다시 설명하면서 임금의 처첩 관계를 들려준다. 영조와 정조를 비롯해 적지 않은 임금이 본

부인인 왕비보다 첩이라 할 수 있는 후궁을 편히 여겼다. 왕비는 열 살 안팎의 어린 나이에 궁궐에 들어와 막중한 책무에 짓눌려 살아야 했다. 그래서 왕비에게는 자식이 없고 후궁에서만 자식이 태어난 경우가 많다. 영조가 궁녀의 종에게서 나온 자식임은 널리 알려진 사실이다. 그 이후에는 순조 임금 정도나 왕비와 금실이 좋아 왕자를 낳았다. 광해군의 왕비는 남편 재위중에 늘 다음 생에는 궁궐에 들어오지 않게 해달라고 불공을 드리며 빌었다고 하니, 일반의 짐작과 달리 왕비의 신세 역시 고단했다.

여기서 살짝 농담 같은 질문을 던지기도 한다. 임금이 어디서 잠을 잤을까? 왕비의 처소에서 잤을까, 후궁의 처소에서 잤을까, 아니면 자기 처소에서 잤을까? 답은 "임금 마음대로"다. 임금마다 개성이 제각각인데 우리가 한두 가지 정보로 편견을 갖는 듯하다고 덧붙인다.

창덕궁 후원

창경궁 구경을 마치면 통명전 윗길로 올라가 창덕궁으로

넘어온다. 두 궁궐은 언덕을 경계로 삼는데, 남쪽으로 갈수록 창덕궁 쪽 산세가 높아지다 끝부분에서 다시 평지가 되며 지리적 경계가 사라진다. 창경궁에서 창덕궁으로 넘어오면 초입에 후원으로 들어가는 매표소가 있다. 후원으로 들어가면 창덕궁 뒷산을 한 번 휘돌아 창덕궁 정문인 돈화문 쪽으로 나오게 된다.

후원은 금원禁苑 또는 비원祕苑으로 불린 곳이다. 비원은 주로 일제강점기 이후 사용한 이름이며, 금원이라는 이름이 이전에는 더욱 널리 사용됐다. 명칭에서 짐작할 수 있듯 이곳은 왕실 인사나 왕의 최측근만 출입할 수 있었다. 신하로서 이곳에서 여는 잔치에 한 번 불려 들어가면 큰 영광이었다. 왕과 왕세자의 휴식 공간이자 수련 공간으로, 군데군데 역대 임금의 글씨가 남아 있고 글씨와 영정을 보관한 수장고가 자리한다. 또 부군당, 백악산단, 백운사 등 민간 신앙의 공간이 산기슭에 작은 집으로 남아 있으니 왕실의 개인적 기도처이기도 했다. 사도세자는 여기서 말을 달리며 무예를 연마하기도 했다. 후원에는 밤나무가 많은데 영조 때는 이 밤 때문에 큰 정치적 사건이 일어나기도 했다.

영조 말년인 1771년 사도의 장인 홍봉한이 여기서 주운

밤을 정월 대보름 때 부럼으로 측근에게 나눠주었다. 이 밤 중 일부가 사도세자의 서자들에게 가면서 이 사실을 안 영조가 위수령에 해당하는 궁성 호위령을 냈다. 홍봉한이 서자들에게 밤을 보낸 것을 영조가 반역을 위한 밀통으로 의심했던 것이다. 궁성 호위령을 내린 이유가 실록에는 분명히 적혀 있지 않은데『한중록』에서는 그 연유를 밤에서 찾았다. 중대한 사건이 때로는 사소한 일에서 비롯되기도 한다.

후원 초입에는 부용지가 있다. 부용은 연꽃이니 연꽃 연못이다. 연못 모퉁이에는 작은 정자가, 정자 동편에는 춘당대, 맞은편에는 주합루가 있다. 춘당대 아래는 창경궁과 연결되는데, 그곳에서 춘당대시春塘臺試라는 과거 시험이 열리기도 했다.『춘향전』의 한 이본에서는 이도령이 여기서 과거 시험을 보아 장원을 했다. 시험문제는 '춘당춘색고금동春塘春色古今同'이었다. '춘당대의 봄빛이 예나 지금이 같다'는 뜻이다. 이렇게 선비들을 궁궐 깊숙한 곳까지 불러 시험을 보게 했다. 주합루는 역대 임금의 글과 글씨 등을 보관한 규장각을 두었던 곳이다. 정조 이후에는 규장각이 기관의 명칭이 되어 임금의 비서실 역할을 했는데, 이 깊은 곳에 사무실을 두어 신하들을 늘상 출입하게 했을 리 없고, 여기는 유물 수장고로 이용하고 규장각 각신들은 창덕궁 남쪽 외조 구역에 있는 이문원에서 근무했다.

부용지 북편에는 늙지 않는다는 뜻을 지닌 작지만 특이한 형상의 돌문 불로문不老門이 있다. 그 낮은 문을 고개를 숙이고 들어서면 애련지愛蓮池가 나온다. 정조는 종종 이곳으로 측근을 불러 잔치를 베풀었다. 연못에 배를 띄워 낚시를 하고 시를 지었다. 임금만 갈 수 있는 은밀한 장소에서 즐겼다는 최고의 영예를 신하들에게 선사했다. 애련지 안쪽으로 들어가면 연경당이 있는데 궁궐에서는 보기 드문 단청 없는 건물이다. 순조의 아들인 효명세자가 머물렀다고 전한다. 선비가 되고자 한 임금의 소박한 꿈이 보인다. 가을이면 여기서 국악 연주회가 열리기도 하는데 후원 깊숙한 곳에 그윽히 앉은 단아한 건물 사이를 잔잔히 울리는 가야금 소리가 귀에 오래 남는다.

옥류천을 따라 후원 산기슭으로 올라가면 겹지붕, 부채 모양 지붕 등 저마다 다른 지붕을 올린 특이하고 예쁜 작은 정자가 여러 채 나타난다. 후원은 그리 넓지도 않고 정자들은 그리 크지도 않다. 베르사유 궁전의 정원처럼 넓은 공간을 기하학적 구도로 조성하지도 않았고, 일본 정원처럼 세심한 손길이 느껴지지도 않으며, 자연스러운 모습이 영국식 정원과 유사하다. 정자 지붕을 통한 여러 가지 새로운 조형적 시도는 한국의 다른 정원에서는 볼 수 없고, 이 역시 스위스식 오두막과 중국식 정자 등 여러 양식의 집을 고루 배치한 영국식 정원과 상통한다.

로마에서 북쪽으로 백 킬로미터 정도 떨어진 곳에 보마르초 정원이 있다. 특이한 괴물 석상과 기울어진 건물을 곳곳에 배치한 것으로 유명한 정원인데 정원 설계자는 종전과는 다른 자신만의 독특한 스타일의 정원을 만들고자 했다. 창덕궁 후원의 정자 지붕과 보마르초 정원에 배치된 요소들이 개성의 자유로운 표현이라는 점에서는 상통하지만 보마르초 정원이 괴이와 익살에 치중했다면 후원은 차분함과 편안함을 지향한다. 후원의 여러 정자 중에 존덕정에는 '만천명월주인옹자서萬川明月主人翁自敍'를 적은 현판이 있다. 정조가 자신에게 '온 세계를 비추는 밝은 달의 주인'이라는 이름을 붙이고 그 풀이를 궁궐 곳곳에 써 붙이게 했는데 지금은 여기에만 걸려 있다.

후원은 단풍이 참 아름답다. 조금 쌀쌀한 가을날 야간 개방일을 골라서 창덕궁의 밤 정취까지 겸하여 즐기기를 추천한다.

창덕궁

후원을 나와 다시 창덕궁을 구경할 수도 있지만 그건 너무 지치는 일이다. 후원과 여타 창덕궁 구역은 따로 관람하는 것이 좋다. 몸이 피곤하면 눈이 지치고 지친 눈으로는 무엇을 봐도 아름답지 않다. 나는 파리를 서너 번 갔는데 처음에는 배낭을 메고 시내를 하루 종일 걸어다녔다. 신혼 때 아내와, 대학을 갓 졸업한 미혼의 처제를 데리고 간 여행이었는데, 체력이라면 자신하던 처제조차 얼마나 힘들었던지 밤 일곱시가 못 되어 침대에 쓰러졌다. 그 아름답다는 파리가 아름다운지도 몰랐다. 그로부터 15년이 지나서 아이들까지 데리고 다시 파리를 찾았다. 이번에는 차를 렌트해서 여유롭게 돌아다녔다. 많이 보려 애쓰지 않고 쉬엄쉬엄 구경했다. 오전에 루브르박물관에 갔다가 숙소에 돌아가서 두어 시간 쉬었다 다시 나와 돌아다니는 식이었다. 첫

번째 방문에서 파리의 아름다움을 느끼지 못한 이유를 두 번째 방문에서 알았다. 지친 눈에는 어떤 것도 들어오지 않는다.

창덕궁에 갈 때면 대개 돈화문으로 들어와 인정전, 선정전, 대조전 등을 보고, 후원으로 들어와 돌아나가는 코스를 취한다. 이미 후원을 본 사람이라면 창덕궁 경내만 돌기도 한다. 금천교를 지나면 바로 인정전 구역이 시작된다. 인정전은 창덕궁의 정전으로서 위용을 보여준다. 인정전 옆 행랑을 관광청이라고 하는데 즉위식 등 볼거리 많은 행사가 인정전 앞마당에서 열렸다. 인정전 동편에는 희정당과 같은 편전이 있는데, 사가의 사랑채와 마찬가지로 임금이 일상 업무를 보기도 하고 머물러 자기도 했다. 뒤쪽에 왕비의 처소인 대조전으로 가는 연결 통로가 있는데, 영조는 첫 왕비인 정성왕후 생전에 편전에서 자는 일이 많았고 대조전으로 거의 가지 않았다.

궁중에 떠도는 소문에 따르면, 첫날밤 영조가 왕비의 손을 잡으며 손이 곱다고 했더니 왕비가 귀하게 자라서 그렇다고 답했는데 그 답변에 격노하여 영조가 다시는 왕비를 보지 않으려 했다고 한다. 영조가 정성왕후와 결혼할 때는 아직 임금이 아니라 왕자였다. 위로 장희빈의 아들인 경종이 있어서 이복형이 임금이 되고 자신은 임금이 되지 못할 운명이었다. 임금이 못 되는 왕자들은 역모죄에 걸려 사형을 당하기 일쑤다. 정조의 이복동생들이 모두 그렇게 된 것만 봐도 짐작할 수 있다. 어머니는 천한 궁녀의 종이요, 자신은 곧 죽을 운명이니, 대단한 집안이라면 이런 곳에 딸을 보내지 않을 것이다. 그래서 권력으로 치면 대단하다고 할 것도 없는 서 진사의 딸과 결혼하게 되었는데 첫날밤 그 딸이 스스로를 귀하다고 말하자 자신을 조롱했다고 여겨 격노했다는 것이다. 이것은 떠도는 이야기에 불과하지만 영조가 귀천에 민감했음은 여러 기록에서 확인된다.

대조전에서 살아갔던 왕비들은 왕자를 낳아 왕통을 이어야 한다는 막중한 부담감에 짓눌렸으며 아울러 후궁을 여럿 거느린 남편으로 인해 아내로서 온전한 대접을 받지 못해 외롭고 힘들었다. 정성왕후는 몸이 조금이라도 아프면 대조전 곁방으로 옮겨갔다고 한다. 대조전은 왕비가 죽음을 맞이하기에는 막중한 의미를 지닌 공간이어서 그랬다는 것이다. 열 살 무렵 궁궐에 들어와서 죽기까지 궁궐 밖을 거의 나갈 수 없었던 왕비에게 궁궐은 감옥과 같았다. 대조전은 궁궐 깊숙한 곳에 위치하는데, 〈동궐도〉를 보면 당시 대조전 앞 월대에는 차단 울타리까지 쳐두었다. 뒤로는 정원이 있어서 나갈 수 있지만 앞은 꽉 막힌 것이다. 다른 궁궐로 이사를 가거나 큰 국가적 행사가 있어서 멀리 다녀오지 않는다면 평생을 한곳에 갇혀 살았다. 남편의 사랑과 관심을 거의 받지 못한 정성왕후는 죽을 때 검은 피를 한 요강이나 토했다고 한다. 이런 왕비에게 궁궐은 평생 헤어나올 수 없는 감옥이었다.

낙선재 구역

인정전에서 창경궁 쪽으로 내려가는 입구에 낙선재가 있다. 인정전이 왕의 공간이라면 낙선재는 후궁의 구역, 세자의 구역이다. 낙선재는 1847년 헌종이 후궁 경빈 김씨를 위해 지은 집이다. 낙선재 구역에도 단청을 칠하지 않은 집이 있다. 역시 단청이 없는 연경당과 함께 이 집을 통해 19세기 초 조선의 중국풍 유행을 볼 수 있다. 조선 집에서 보기 드문 벽돌을 사용했고 주련이나 현판에 섭지선, 옹방강 등

추사 김정희와 교류해 유명한 청나라 문인들의 글씨를 걸어두었다. 헌종의 당호로 알려진 '보소당寶蘇堂'이라는 현판도 있는데 보소당은 중국 송대의 문인 소식을 보배로 삼는다는 뜻으로, 옹방강과 김정희 역시 이를 당호로 삼았다. 중국풍은 뒤뜰의 화계花階에서 더욱 완연하다.

낙선재는 순종비 윤씨와 영친왕순종의 동생비 이방자가 1980년대까지 산 곳이며, 덕혜옹주도 여기서 지낸 적이 있다. 여기서 살았던 궁중 여성들은 장편의 소설을 읽었는데, 이를 소설사에서 '낙선재본 소설'이라고 한다. 원래 궁궐 여기저기 주로 여성 처소에 있던 소설책이 일제강점기 때 이쪽으로 모였고, 1960년대 중반 이 자료들이 학계에 널리 알려지면서 소설사를 다시 쓰게 했다.

낙선재 북쪽은 세자 구역으로, 효명세자의 처소인 중희당이 있었고, 창경궁 쪽으로 가면 저승전, 취선당이 나온다. 취선당은 숙종 때 장희빈이 인현왕후를 저주하던 곳이고, 저승전은 사도세자가 아기 때 머문 집이다. 이 구역에 우물이 몇 개 있는데 사도세자가 아버지 영조의 꾸지람을 들었을 때 투신자살을 시도한 곳으로 추정한다. 궁중의 우물도 위치가 종종 바뀌니 대략 그렇다는 것이지 지금 남은 우물이 세자가 투신한 우물인지는 확실하지 않다.

나는 조선 궁궐을 좋아한다. 크지도 화려하지도 않으며 매끈하게 세련되지도 않지만 차분하고 편안하다. 베이징의 자금성을 보면 그 웅장함과 화려함에 압도되는데, 황제를 상징하는 용이 여기저기 워낙 많다보니 나중에는 피로감이 몰려왔다. 또 도쿄의 에도성과 교토의 궁궐을 보면, 중국에 뒤지지 않을 규모에다 건축의 정교함이 끝을 다한 듯하다. 다만 내게는 중국의 궁궐은 화려함이 지나쳐서 부족한 듯 여겨지고 일본의 그것에서는 따뜻한 정감이 느껴지지 않는다. 아마도 어릴 때부터 접해온 미감에 익숙해서 그렇겠지만 조선 궁궐은 위압적이지 않고 안온해서 좋다.

궁궐에서 벌어진 사건과 궁궐에 전하는 이런저런 이야기를 들려주면 두 시간은 금방 간다. 이야기를 품고 궁궐을 바라보면 지금 놓인 전각만이 아니라 이제는 사라진 궁궐의 주방인 소주방을 분주히 돌아다니는 궁녀와 환관, 군복을 멋지게 차려입고 명령을 수행하는 무예별감의 모습까지 머릿속에 영상처럼 선명히 펼쳐진다.

다른 나라:

네덜란드 풍차 마을의 해질녘

사람은 인생을 살면서 여러 번 바뀐다. 타고난 훌륭한 인물이야 더 바뀔 게 없겠지만 석가모니나 공자도 나이를 먹으며 바뀌었으니 변화가 불필요한 사람은 없을 것이다. 나도 대학원에 들어와 학문을 하면서, 또 책을 읽고 여러 사람을 만나면서 계속 달라졌다. 여행도 깨달음의 중요한 계기였다. 석가모니는 궁궐 밖으로 나가 세상을 만남으로써 부처가 되었다. 깨달음은 안에서보다는 밖에서 쉽게 찾아온다. 일상에서 늘 보던 것으로는 각성하기 어렵지만 낯선 것을 보면 현실을 반추하기 쉽다. 나도 여행을 통해, 특히 해외여행을 하며 여러 차례 깨달음을 얻었다. 먼저 네덜란드 어느 풍차 마을에서 있었던 일이다.

1995년 1월 나는 박사과정 수료를 앞두고 있었다. 기나긴 학부, 석사, 박사 과정을 마치고 마지막 관문으로 박사논문이라는 거대한 벽과 마주한 상황이었다. 공부에만 열중할 수 있는 형편이라면 좋으련만 당장 생계부터 문제였고 박사학위를 받아도 취직이 힘든 미래가 놓여 있었다. 막 2년 간의 조교 근무를 마친 터라 별다른 생계수단이 없었고 입시학원에서 논술강사로 일하며 형편이 어려우면 본가와 처가에서 쌀과 반찬 외에 생활비까지 약간씩 받아서 쓰고 있었다.

마침 대기업 주재원으로 독일 프랑크푸르트 지사에 가 있던 처남이 한번 놀러오라고 제안했다. 당시 한국 대학에서는 배낭여행 붐이 일었는데 아내가 오빠 집에 가자며 부추기니 질러나 볼까 싶었다. 과외비를 선불로 받고 번역 의뢰를 받은 책의 인세도 일부 미리 받아서 여비에 보탰다. 궁해도 어차피 잘 곳은 있지 않느냐 하며 용기를 냈다. 나름대로 최신 정보를 얻으려 영문 여행 안내서도 사서 보고 하이텔, 천리안 등 온라인 피시통신에 접속해 정보를 모으기도 했다.

신혼여행으로 괌에 다녀오긴 했지만 그 외에는 외국에 나가본 적이 없었다. 미군부대에서 운전병을 한 경험 하나만 믿고 차를 빌렸다. 모든 게 낯선 상황에서 프랑크푸르트 처남 집에 며칠 머문 후, 렌터카를 몰고 암스테르담을 향해 갔다. 중간에 쾰른에 들러 대성당을 구경하고 여차저차 헤매다보니 유트레히트를 지날 때쯤에는 이미 어둠이 깔리고 있었다. 북부 유럽의 겨울밤이 이렇게 빨리 시작될 줄은 미처 몰랐다. 유트레히트 외곽을 돌아가는 긴 다리 위에 크리스마스트리의 줄전등처럼 길게 늘어진 가로등이 하나둘 켜졌다. 밤은 오고 길은 설어 불안한데 멀리 풍차 마을이 보였다. 얼른 목적지로 가야 한다고 머리로는 생각했지만 동화 마을처럼 아름다운 해질녘의 풍차 마을을 그냥 지나칠 수 없었다.

　고속도로를 빠져나와 천천히 차를 몰아 마을을 구경했다. 풍차와 어울린 집들이 풍차만큼이나 예뻤다. 어스름 해가 지는 하얀 목조 주택의 창문 너머로 사람들이 무얼 하나 들여다봤다. 어떤 사람들은 저녁 준비를 하고 있었고 어떤 사람들은 소파에 앉아 책을 읽거나 뜨개질을 하고 있었다. 방구석에 스탠드 조명만 켜두고 있어서 더 안온하고 차분해 보였다. 사람들은 밤의 휴식을 충분히 누리는 듯싶었다. 밤이 있는 삶, 조용한 휴식이 있는 삶, 이게 정말 사는 것이 구나 싶었다.

당시 나는 조급했다. 군대를 다녀와 뒤늦게 대학원에 입학하니 이미 친구들은 석사학위를 받고 어엿한 신진 학자 행세를 하고 있었다. 학문적으로도 친구들을 따라잡아야 했지만 무엇보다 친구들에게 뒤처졌다는 것을 자존심이 용납하지 않았다. 책도 빨리 읽고 글도 빨리 썼다. 밤이고 낮이고 없었다. 밤의 휴식을 누리는 것은 사치고, 예쁘고 멋진 삶은 분수에 넘치는 일이었다. 그러다 이 풍차 마을에 들어섰다. 삶이 어디로 가야 하는지 생각하지 않고 앞을 향해 뛰고만 있던 나는 지금 무엇을 하는 건가 싶었다. 왜 사는지 무엇을 위해 사는지 무엇을 하며 살지는 생각하지 않고, 남들을 따라서 또 남들을 넘어서기 위해서만 뛰며 살았던 것이다. 남들을 따라가는 삶이 정말 내 삶일까 싶었다.

내 길을 가자. 돌아보며 가자. 생각하며 가자. 쉬엄쉬엄 가자. 대신 멈추지는 말자. 한국에 돌아와서 몇 가지 변화를 시도했다. 거실에 놓인 텔레비전을 치웠고 일요일에는 일이라고 할 만한 것은 하지 않았다. 읽고 싶은 책을 읽거나 공원이나 교외로 나들이를 갔다. 대신 주중의 생활은 단순화해 식사 약속이나 술자리는 가급적 줄이거나 일찍 끝냈다. 이렇게 해서 마련한 여유로 할일에 집중했다.

실제로 네덜란드 사람이 삶을 돌아보며 차분히 사는지는 알지 못한다. 아마 그들도 경쟁 사회에서 치열하게 살아갈 것이다. 중요한 것은 그들의 실제 모습이 아니라 내 깨달음이다. 여행이 깨달음의 기회를 제공했다. 마을에서 차를 돌려 나오는데 기아자동차 광고판이 보였다. 유럽에서 한국의 존재가 아직 미약하던 시절에 그 간판은 멀리서 온 손님에게 깨달음을 주려는 네덜란드 사절처럼 다가왔다.

다른 나라:

도쿄 디즈니랜드의 교훈

경제학의 아버지 애덤 스미스가 인간의 행복에 돈만큼 중요한 요소가 없다고 말했다면 누구나 그러려니 할 것이다. 그런데 심리학자인 프로이트조차도 삶에서 돈의 가치를 가장 높이 여겼다. 나도 물론 목숨이나 건강을 제외하면 돈만큼 중요한 것을 알지 못한다.

2002년 한일 월드컵이 열리던 해 처음으로 장기 해외 연수를 떠났다. 아는 일본 교수가 주선하여 일한문화교류기금의 지원을 받아, 도쿄 동북쪽 센다이仙台에 있는 도호쿠대학東北大學에서 여름방학 동안 석 달 가까이 머물렀다. 마침 연수 전에 일본의 자매결연 대학 교수 한 분을 알게 됐는데 연수 기간에 꼭 자기 학교를 방문해달라며 나와 우리 식구를 초대했다. 그렇게 해서 이바라키그리스도교대학을 방문하게 되었다.

방문 첫날 학교를 둘러보고 학교의 게스트하우스에서 묵었다. 설립자인 미국인 선교사가 살았던 미국식 목조 건물로, 바닷가에 자리잡은 아담하고 예쁜 하얀 집이었다. 시골 학교답게 교수는 초밥을 사오고 인정 많은 학생들은 옥수수를 삶아와 늦은 밤까지 담소를 나누고 피아노를 치며 노래도 불렀다. 이튿날은 초청 교수 집에 들러 근처 호텔에서 자야 했다. 저녁 무렵 호텔로 갈 때가 다 되어 그 교수가 호텔을 예약해주겠다며 "호텔은 싼 데가 좋겠지요?" 하고 물었다. 갑작스런 질문에 어떻게 답해야 할지 판단이 서지 않아 그렇다고 답했다. 그가 예약해준 호텔에 도착해보니 한국에서도 보기 힘든 험한 방이었다. 벽에 미국 영화배우 실베스터 스탤론의 대형 브로마이드가 붙어 있어서 이 자리에 어울리지 않게 왜 이게 있나 들추어 보았더니 벽에 큰 구멍이 나 있었다. 한여름 더위에 사방이 막힌 방이라 덥고 갑갑해서 에어컨을 켰더니 낡은 창문형 에어컨이 덜덜덜 둔탁한 소리를 내며 돌아갔다. 비록 하룻밤이지만 견디기 힘든 곳이었다. 더군다나 초등학교 1학년생 큰아이와 돌이 갓 지난 둘째도 함께였다. 큰아이가 어차피 잠깐 자고 새벽에 나갈 테니까 그냥 자자며 도리어 아빠를 위로했다.

이로부터 20년 이상 이분과의 인연을 이어오며 피차 많은 것을 깨달았다. 나는 일본을 전혀 모르는 국문학자고 그는 한국을 전혀 모르는 일문학자여서 초기에는 서로 오해가 많았다. 이날도 그분은 가난한 한국 교수의 주머니 사정을 염려해서 싼 호텔을 구해준 것인데, 우리 사정이 그런 방에 자야 할 정도로 어렵지는 않다는 걸 몰라서 그랬다. 또 싼 호텔방 상태가 그리 험한 줄은 본인도 그날 처음 알았던 듯했다. 서로 사정을 몰라 생긴 일이었다. 다행히 상대를 인간적으로 신뢰했기에 관계가 깨지지 않고 더욱 돈독해졌다.

다음날 새벽 일찍 그분은 우리 식구를 도쿄 디즈니랜드로 데려다주겠다고 차를 몰고 왔다. 아침에 츠쿠바를 출발하여 고속도로를 탔는데, 어찌나 정체가 심하던지 여기가 세계에서 가장 넓은 주차장이라는 농담을 주고받았다. 놀이동산에 도착하니 이미 개장 시간을 훌쩍 넘긴 때였다. 입장권을 구입하려고 보니 대기하는 사람들이 장사진을 이루고 있었다. 밤새 낡은 에어컨 바람을 맞은 둘째는 감기로 코를 훌쩍였다. 우리 식구들 컨디션만 고려하면 어디 가서 쉬어야 했지만 어떻게 온 곳인데 그냥 돌아가랴 싶었다. 비싼 입장료를 치르고 늦게 디즈니랜드에 들어가 얼마 놀지도 못하고 나와야 할 판이었다. 입장료가 아까웠다.

겨우겨우 놀이동산에 들어가니 웬걸 안쪽은 그리 붐비지 않았다. 놀이동산 안내서와 지도를 챙겨 어떻게 하면 가장 효율적으로 가장 많이 놀이 기구를 타고 즐길 수 있을지 공부했다. 아이들을 대신해 아빠가 연구해서 동선을 짜야 했다. 동선을 짜는 시간도 아까워서 가까운 데 있는 탈것을 기다리면서 정신을 집중하여 안내서와 지도를 읽고 분석했다. 연구를 끝내고는 서둘러 유모차를 밀어 바쁜 걸음으로 다음 놀이 기구로 향했다. 놀이 기구 앞에서 한참을 기다렸다가 아이들이 타고 내리면 바로 다음 놀이 기구를 타러 갔다. 대기가 곧 휴식이니, 한가로이 따로 쉬면서 시간을 보낼 수는 없었다. 놀이 기구를 하나둘 타면서 조급증이 좀 가라앉으니 주변 일본인들의 모습이 눈에 들어왔다. 다 같이 비싼 돈을 내고 들어왔을 텐데 그들은 놀이 기구를 탈 생각이 없어 보였다. 놀이 기구보다는 군데군데 위치한 선물 가게에 손님이 훨씬 많았다. 놀이동산 치고는 꽤 분위기가 근사한 레스토랑에서 느긋하게 맥주를 마시는 사람도 적지 않았다. 용인 에버랜드 같은 한국 놀이동산에 가면 곳곳에서 들리는 "본전을 뽑아야지" 하는 말도 들리지 않았다.

순간 내가 무엇을 하고 있나 싶었다. 한번 타고 내려오면 그만인 롤러코스터를 왜 타려고 하는 거지? 아내는 무서운 걸 싫어하고 아이들은 어려서 그리 즐기지도 않는 것을. 인당 오만 원짜리 자유이용권을 샀고 놀이 기구를 따로 한 번 타는 데는 얼마니까 놀이 기구를 일정 횟수 이상으로 타야 본전을 뽑는다는 계산이 나왔다. 그런 생각을 하니 자연 무리하게 되었다. 나도 모르는 사이에 놀이동산을 즐기러 온 관광객이 아니라 본전이라도 찾으려는 채권자가 되어버렸다. 일본인이라고 자유이용권 액수를 신경쓰지 않을 리 만무하지만 놀이동산을 즐기는 방법이 우리와 다른 듯했다.

이후 나의 여행 셈법이 바뀌었다. 얼마를 지불했는지에 집착하지 않고 내가 추구하는 의미와 가치를 극대화하는 방식을 찾으려 했다. 아이들을 데리고 한국에서 놀이동산을 다시 찾았을 때는 아이들에게 알아서 놀이 기구를 골라 타게 했고 나는 그 아래에서 아내와 느긋하게 맥주를 마셨다. 초저녁 가을바람이 선선한데 잘 가꾸어진 정원을 바라보며 시원한 맥주를 마시니 행복감이 밀려왔다.

2000년대 초 한동안 조기 해외유학 붐이 일었을 때 어떤 친구가 내게 충고했다. 한국에서 아이들을 교육시켜서 무슨 미래가 있겠느냐며 아이들을 외국으로 보내라고 권했다. 경제적으로도 아이들을 유학 보낼 형편이 못 됐지만, 친구에게 미래의 불확실한 행복을 위해 현재의 확실한 행복을 희생하고 싶지 않다고 답했다. 설령 돈이 있다 해도 아이들을 외국에 보내 자발적 이산가족이 될 생각이 없었다. 그 친구와 나는 인생의 셈법이 다르다 할 수 있는데, 나는 더 현실적이고 현재에 무게를 둔 셈법을 택했다. 돈 계산도 중요하고 미래도 중요하지만 당장의 현실은 그 이상으로 중요하다. 도쿄의 놀이동산에서, 내 인생의 가치 계산을 다시 했다.

천주교 순교지를 찾아서,

전주에서 나가사키까지

여행을 그 의미를 가지고 분류해보면, 의미 찾기와 의미 만들기 둘로 나눌 수 있다. 보고 싶은 무엇을 찾아보는 여행이 있는가 하면 여로에서 누군가와 새로운 의미를 만들어가는 여행도 있다. 물론 엄격히 한 가지 목적만 추구하기보다 섞여서 진행되는 경우가 더 많다. 연구여행, 답사여행은 전자의 성격이 강하고, 신혼여행, 졸업여행 등은 후자에 초점을 맞춘다. 내가 하는 여행은 대부분 전자인데 의미 찾기 여행도 두 종류로 나뉜다. 이미 알려진 것을 찾아가서 확인하는 여행과, 실물은 사라지고 없지만 흔적을 찾아 떠나는 여행이다. 흔적을 찾는 여행은 머리와 가슴으로 그리는 상상의 고고학적 탐사라고 부를 수 있다.

이순이 루갈다의 순교

2014년에 출간한 내 책『죽음을 넘어서』는 1801년 조선 정부의 천주교 박해 때 순교한 루갈다 이순이가 옥중에서 친정 식구들에게 보낸 몇 통의 편지를 해설한 것이다. 나는 이순이의 편지를, 책을 내기 20년 전 대학원 시절에 조선 시대를 공부하기 위해 샤를 달레의『한국천주교회사』를 읽으며 처음 만났다.『한국천주교회사』는 19세기 초중반 조선에 들어온 프랑스 파리외방전교회 소속 신부들이 본국에 보낸 보고서와 편지 등을 토대로 정리해 1874년 파리에서 출간한 책이다. 이 편지를 세상에 처음 소개한 다블뤼 주교는 "우리는 그 편지를 읽으면 읽을수록 아름답게 느껴져서 더욱 애착이 생긴다. 거기에 담겨 있는 꾸밈없는 감성은 이순이의 변함없는 믿음 그리고 끝까지 그를 고무시킨 생생한 사랑의 진가를 보여준다"고 했다. 그리고 "조선의 순교자 중에서도 보석과 같은 이 소중한 분들의 생애가 금색 글자로 기록될 수 있기를 바란다"고 했다. 나중에 이순이 편지의 한국어 원문을 읽게 되면서 더욱 큰 감동을 얻었다.

　이순이는 서울의 양반 명문가 천주교 신자 집안에서 태어나 어릴 때 아버지와 외삼촌이 사경에 이르도록 박해를 받은 장면을 목도했다. 외삼촌 권일신은 한국 최초로 천주교 순교자를 낸 1791년의 이른바 진산 사건 때 천주교의 수괴로 찍힌 인물이다. 그는 옥중에서 모진 고문을 당하고 유배를 가기 전 모친께 인사하기 위해 동생 집에 들렀다. 이때 이순이는 만신창이가 된 외삼촌의 몸을 보았을 것이다. 그리고 천주교를 믿으면 어떤 결과가 뒤따를지 머릿속에 명확히 각인되었을 것이다. 권일신은 이순이의 집을 나서서 충청도로 유배를 가는 도중에 사망하고 말았다. 이는 조선 천주교 신자가 걸어야 할 가시밭길이었다.

　이로부터 딱 10년 후에 이순이도 죽음을 맞이했는데 그 사이에 적지 않은 사건이 있었다. 이순이 가족은 이미 천주교 집안으로 낙인이 찍혀 온전히 사회 활동을 할 수 없었고 늘 관아와 주위의 감시를 의식해야 했다. 그렇게 혼기가 차자 이순이는 결혼할 뜻이 없었지만 그렇다고 결혼을 하지 않을 수도 없었다. 결혼을 하지 않는 것을 천주교를 버리지 않았다는 증거로 여기기 때문이다. 신부와 수녀가 결혼도 하지 않고 종교에 헌신하는 것을 자연의 이치를 거스르는 일로 본 유교적 시각에서, 천주교도가 결혼하지 않는 일은 하늘의 순리를 어기는 마땅치 않은 일이었다. 그러니 천주교 집안의 딸로 소문난 이순이가 결혼을 하지 않고 견디기는 어려웠다. 마침 전주에 비슷한 처지의 총각이 있었다. 초기 천주교회의 지도자였던 유항검의 아들 유중철이다. 결혼을 하지 않고 신앙에 헌신하고자 하는 두 젊은 남녀를 이어준 사람은 한국에 들어온 첫 외국인 신부인 주문모다. 주문모는 둘이 같은 뜻을 지녔으니 겉으로는 결혼을 하여 부부로 살되 내실은 자신의 신념과 동정을 지키도록 했다. 이렇게 하여 한국 최초의 동정부부童貞夫婦가 탄생했다. 부부지만 서로 순결을 지켜주는, 어찌 보면 위장 부부였다.

그들의 결혼 생활은 오래가지 못했다. 천주교에 대한 지속적인 박해 끝에 급기야 1801년 신유박해가 확대되는 중요한 계기인 정약종 책롱사건이 터졌다. 정약용의 형인 정약종의 책롱에 있던 일기에서 조선에서는 감히 상상할 수 없는 표현이 발견됐다. "나라에 큰 원수가 있으니 임금이요, 집안에 큰 원수가 있으니 아버지다國有大仇君也 家有大仇父也"라는 이른바 '12자 흉언'이다. 천주교도들이 천주를 대군대부大君大父라고 하면서 임금과 아버지 위에 있는 존재로 설정한 것도 마땅찮아 하는 판이었는데, 조선의 정치적 도덕적 이념의 근간인 임금에 대한 충성과 부모에 대한 효도를 아예 부정하는 '흉측한' 말까지 나온 것이다. 대대적인 천주교도 색출 작업과 심문이 이어졌고, 한 천주교도는 "서양 배를 불러들여서 조선 정부와 결판을 지어야 한다"는 말까지 했음이 밝혀졌다. 이 말의 발설자는 이순이 시아버지의 이복동생 유관검이었다. 천주교도들이 서양과 공모해 조선을 공격하려 한다는 설은 곧이어 발견된 『황사영백서』를 통해 물증으로 확인됐다. 이로써 조선 정부는 천주교의 반역성을 명확히 인식했다. 천주교도가 대역죄인이 되는 것은 피할 수 없는 일이었다.

대역죄인이 된 이순이의 시아버지 유항검은 능지처참을 당했고, 장성한 아들 곧 이순이의 남편과 시동생은 교수형을, 그리고 미성년의 시동생 셋은 멀리 남해의 섬으로 유배를 갔다. 집안 여성들은 가장의 죄에 연좌되어 평안도 벽동의 관비로 유배를 가야 할 처지가 되었는데, 이들은 자기들도 천주교도이니 연좌로 여종으로 만들지 말고, 자기 죄로 사형을 시켜달라고 주장했다. 스스로 죽음을 청하는 일은 천주교 교회법에 어긋나는 행동이나 그 사실을 그들이 알고 그랬는지는 모르지만 양반가 여성이 관비로 살아야 한다는 것은 죽기보다 견디기 힘든 일이었을 것이다. 인간이 아닌 대접을 받으며 성적인 부분을 포함해 무수한 폭력을 감당해야 할 테니, 유교 이념으로나 천주교 교리로나 순결을 최고 가치로 치는 이들이 받아들일 만한 일이 아니었다.

이들의 주장은 극적으로 받아들여져 벽동으로 가는 도중에 왕명을 받아 전주 감옥에 다시 수감되었다. 이순이는 편지에서 유배지를 향하는 자신을 십자가를 지고 갈보리 언덕을 올라가는 예수와 견주었으며, 전주 감옥으로 불러들이라는 명령을 가지고 온 포교들을 만나자 마치 친정 부모처럼 반가웠다고 말했다.

옥중 편지와 순교 유적지

이순이는 가을에 옥중으로 들어와 겨울에 사형을 당하기까지 수시로 맞고 고문을 당하면서도 의식이 조금이라도 돌아오면 자신의 신앙을 기록했고 친정으로 편지를 보냈다. 정약용의 『목민심서』 등에 기록된 조선 감옥의 실상을 보면 갇혀 있는 것 자체가 죽음보다 더한 고통이었다. 배고픔과 추위는 말할 것도 없고 매맞아 피가 난 상처에 구더기가 들끓는 불결한 환경이었다. 심문은 으레 죄를 묻기 전에 몽둥이로 정강이부터 때리며 시작하는 법이어서 참기 어려운 통증으로 신음이 그치지 않은 곳이 감옥이었다. 이런 감옥에서 기록을 남긴다는 것은 거의 불가능한 일이니 순교 사실을 기록하라는 주문모 신부의 명령이 없었다면 어쩌면 이 편지도 남지 않았을 수 있다. 이순이의 편지에는 이런 사정이 반영된 듯 앞뒤가 어긋난, 말이 맞지 않는 부분이 나온다. 아마도 고문으로 혼미한 의식 속에 쓰였으리라 짐작한다.

극한 상황에서도 친정 식구들에게 신앙을 잃지 말라고 권면하는 이순이의 편지는 천주교 신자가 아닌 나 같은 사람에게도 감동을 주었다. 신념을 지키기 위해 죽음까지 기꺼이 감수하는 인간 정신의 강인함이 특히나 인상적이었다. 숭고한 삶을 산 사람을 생각하고 그를 따라가는 여행은 내면을 고양시키는 충만감을 준다. 그 감동을 잊지 않으려고 틈틈이 자료를 모았고 관련 유적을 찾아다녔다.

이순이는 불과 스무 살 남짓의 짧은 인생을 살았지만 관련된 유적지는 적지 않다. 서울에는 생가가, 전주에는 시집과 수감된 전주 감옥 그리고 처형된 곳인 전주 숲정이가 있다. 무덤은 전주 치명자산에 있다. 구체적으로 보면 생가는 서울역 북서편의 약현성당 부근이며, 전주 시집은 완주군 이서면에 위치한 초남이 성지다. 대역죄인은 집을 허물어 그 자리를 연못으로 만드는 파가저택破家瀦宅의 처분을 받으니 이를 토대로 천주교 측에서 생가터를 찾았다. 전주 감옥과 숲정이는 흔적조차 찾을 수 없으나 고지도를 통해 대략 위치를 파악할 수 있다.

공부가 넓어지면 이순이를 만든 전대 역사부터 이순이가 영향을 미친 후대 역사까지 살피게 된다. 초기 천주교의 강학 공간으로 알려진 경기도 광주의 천진암이나 그들이 거주하고 사형을 당했던 양평, 여주 등 남한강 일대의 성지들,『황사영백서』를 찾은 충청북도 제천의 배론 성지, 이순이의 오빠를 비롯해 천주교 신자 다수가 순교한 사형집행 장이었던 서소문 성지, 병인박해 때 다수의 신자가 처형당한 절두산 성지, 그리고 조선 천주교 신자들의 주요 거점이었던 충청도 내포 지역의 순교지 해미읍성 등을 찾아다녔다. 하나씩 새로운 사실을 알아가며 편지 내용에 더욱 깊이 공감했다.

숲정이로 가는 길

우리 국어국문학과는 매년 봄에 학과 전체가 학술답사를 간다. 학과 설립 초기에는 방언, 설화, 민요를 채록하거나 기록 자료를 수집했는데, 1990년대 이후 더이상 새로운 자료를 얻지 못하면서 유적 답사로 방향을 바꾸었다. 현대문학 분야에서는 작가의 생가나 작품 배경지를 방문하고, 고전문학 분야에서는 절이나 서원, 아니면 종가를 방문했다. 그러다 내가 천주교회사를 공부하면서부터는 천주교 성지를 추가했다.

지금까지 국학 분야에서는 기독교 연구에 대해 어느 정도 저항감이 있었다. 1986년 우리 학과의 고전문학 전공 교수였던 장덕순 선생이 정년 기념 강연을 하셨는데, 그날 그분은 기독교인으로서 기독교를 당신의 연구 분야에 끌어들이기 어려웠노라고 말씀하셨다. 불교나 유교나 모두 인도와 중국에서 온 외래 종교 또는 사상이지만 이미 토착화하여 국학 분야에서 저항감이 없는데 기독교는 아직 그렇지 못하다고 하셨다.

지금은 장덕순 선생이 살아온 20세기 초중반과는 완전히 다른 세상이다. 기독교가 한반도에 정식으로 들어온 지이미 이백 년이 넘어 한국문화의 일부로 온전히 자리를 잡았으니, 이제는 국학에서도 기독교를 적극적으로 연구해야한다. 그래서 천주교 성지를 답사지에 포함시켰다.

나는 개인적으로도 천주교 유적지를 좋아한다. 무엇보다찾는 사람이 별로 없고, 차분한 벽돌 건물 옆으로 꽃나무를잘 심어놓아서 봄가을 완상하며 쉬기 좋았다. 서울의 절두산 성지는 한강을 끼고 있어서 도도히 흐르는 한강물을 바라볼 수 있고, 양평, 제천, 내포 등의 성지도 모두 정원이잘 조성된 소담한 곳이다. 최근 개관한 서소문 성지에는 멋진 박물관을 만들어두었다. 학생들을 데려갔을 때 모두 반응이 좋았다.

학술 목적의 답사는 새로운 연구를 위한 것이라 이미 조성된 장소가 아니라 아직 관심을 받지 못한 곳을 찾는 경우가 많다. 그런 현장에는 대개 아무 흔적도 없다. 답사자가 당시의 모습을 머리로 그려야 한다. 이순이의 초남이 성지에서는, 젊은 동정부부가 삼사 년 한 방에서 지내며 견디기 어려웠을 정욕을 신앙으로 이겨낸 모습을 생각한다. 또 살아생전 호남 최고 갑부였던 시아버지의 막대한 유산을 삼사등분하여 크게 한몫은 동생에게 주어 부모를 봉양하게 하고, 다른 한몫으로는 가난한 사람을 구제하고, 나머지 몫으로 각자 신앙 생활을 해나가자고 약속한 부부의 모습을 떠올린다. 일종의 기부 약정인데, 한반도에서 그 이전에는 볼 수 없던 모습이다. 현실에 발 딛고 성실하게 살아가면서도 내세를 지향하며 살아간 특이한 인간들이 천주교도들이었다. 나는 이순이를 통해 한반도에서 새로운 인간형의 탄생을 보았다.

이순이가 갇혔던 전주 감옥은 아무런 흔적도 남기지 않고 사라졌지만, 그 자리에 가서 전주의 고지도와 충청도 공주의 옛 감옥 사진을 겹쳐 떠올리며 이순이가 감옥 창문으로 보름달을 바라보며 한탄했던 일을 그려본다. 또 교수형당한 남편이 끝까지 신앙을 부정하지 않았음을 보여준 "누이여 천국에서 다시 만나자"는 구절이 남편의 시신에서 나온 편지에 있음을 듣고 안도한 이순이의 신앙심을 다시 생각한다.

감옥에서 나와 숲정이 형장으로 가는 이순이 일행을 그려본다. 석 달이 넘는 수감 생활을 끝내고 이순이 일행이 칼을 받는 날이 되었다. 이들은 사형 집행 당일 아침에도 다시 심문을 받으며 몽둥이로 정강이를 맞았는데 그동안 얼마나 많이 맞고 고통이 심했는지 더이상 통증을 느끼지 못하더라 했다. 약간 남은 정보와 당시 다른 천주교도의 사형 집행 장면을 합쳐서 상황을 재구성해본다. 정강이를 맞아 걷지도 못하게 된 이순이 일행은 죄수용 수레인 함재치를 타고 숲정이로 갔다. 행로에는 구경꾼들이 몰려나와 있었다. 이순이의 시아버지 유항검은 서울 의금부로 압송되어 가는 도중에 자기 땅만 밟고 갔다는 소문이 있을 정도로 부자였다. 그런 부잣집 식구의 처형이니 평소보다 구경꾼이 더 많았다.

처형장에서 남성 죄수들은 보통 상의를 벗고 화살로 귀를 꿰고 얼굴을 하얗게 칠한 다음 목침에 목을 대고 망나니의 칼을 기다린다. 그러나 천주교 여성 죄수들은 상의를 벗지 않으려고 완강히 저항했다고 하며 관리들도 이를 용인

해주었다고 하니, 그냥 하얀 저고리를 입은 채로 칼을 받지 않았을까 싶다. 숲정이를 둘러보며 지금은 아파트 숲으로 변한 현장에서 그 옛날 얼마나 많은 붉은 피가 시내로 흘러 갔을지 그려본다. 형장은 대개 시냇가에 자리한다. 피를 흘려보내기 쉽고 피 묻은 칼을 씻기도 좋으리라. 이렇게 현장에서 여러 가지를 그려보는 것이 내가 주로 하는 답사다. 보통 사람들 눈에야 아무 유적도 보이지 않겠지만 내 머릿속은 이미지와 상념으로 가득차 있다.

연구는 꼬리에 꼬리를 무는 사유와 자료로 제한 없이 확장된다. 연구자가 낸 논문이나 책은 일정 시기에 그가 도착한 중간 기착지에 불과하니 연구는 언제 어느 경우라도 본질적으로 미완성이다. 연구는 더욱 깊어져야 하고 또 넓어져야 한다. 그래서 연구 여행도 계속된다. 조선의 천주교 순교를 공부하면서 자연스럽게 인접국 중국과 일본, 베트남의 순교로 관심이 넓어졌고 순교 행위 자체에 대해 더 깊은 질문을 던지게 되었다. 이 과정에서 꼭 가보아야겠다고 다짐한 곳이 나가사키다.

원본성과 현장성

이순이의 순교를 다룬 『죽음을 넘어서』의 초고가 거의 완성되어갈 무렵이었다. 그때까지도 나가사키에 갈 기회를 얻지 못하자 조급증이 생겼다. 혹 내가 미처 생각하지 못한 것을 그곳에서 발견하면 어쩌나 걱정했다. 내 책의 중심에 일본 천주교회사가 놓이지는 않지만 한 부분 언급을 했으니 확인이 필요했다. 책을 내기 전 마지막 단계로 서술한 부분에서 약간이라도 미심쩍은 점은 직접 확인해야만 한다. 직접 확인하지 않고 재인용한 데서 종종 오류가 나온다. 더욱이 일본의 천주교 역사는 극적인 반전의 장면들이 있기에 책과 상관없이 현장이 궁금하기도 했다.

사실 책의 초고를 완성하기까지 이순이 옥중편지의 원본조차 실견하지 못했다. 해석본과 영인본은 진작 봤지만 원본을 확인하지 못한 것이다. 앞서 연구한 교수에게 원본 확인을 부탁했지만 도움을 얻지 못했고, 소장처인 천주교 측에는 부탁하고 싶은 마음이 없었다. 내 연구를 주변에 알렸을 때 기독교사를 집필한다고 생각하신 어떤 분이 연구비 지원을 제안하기도 했지만 사양했다. 나는 이순이 편지 연구를 한국문학 연구의 일환으로 했지 기독교를 위해 한 게 아니기 때문이다. 공연히 지원을 받았다가 잘못하면 연구의 객관성도 상처를 받고 자칫 그분의 기대에도 미치지 못할 것이기에 사양할 수밖에 없었다. 마찬가지로 천주교 측의 도움을 받아 자료를 본다면 거기에 구속될까봐 그러지 않았다. 초고를 완성하기 전에는 어떻게든 원본을 볼 수 있으리라 기대했지만 집필중에는 끝내 기회를 얻지 못했다. 결국 초고를 완성한 다음 호남교회사연구소 소장으로 계신 원본 소장자 김진소 신부께 직접 부탁드렸다. 초고가 완성되었으니 이제 천주교 측의 도움을 받아 원본을 확인해도 내 논지가 흔들리지 않을 거라는 자신감이 생겼다. 신부님은 흔쾌히 보여주겠노라 하셨다. 연구소는 전라북도 완주 천호산 골짜기 깊은 곳에 있었다. 옛날 천주교 신자들이 박해를 피해 모여 살던 곳으로 지금은 천호 성지로 불린다. 신부님 집이 곧 연구소였다. 현장은 늘 망외의 소득을 준다. 원본은 물론 이순이 무덤에서 나온 이순이가 지녔던 십자가까지 만져볼 수 있었다.

연구를 할 때 원본과 실물이 주는 감동은 형언하기 어렵다. 이순이의 옥중편지는 원본은 남아 있지 않고 그것을 베

긴 필사본만 두 종이 남아 있는데 호남교회사연구소 소장본은 스마트폰만한 작은 책자에 진한 먹빛의 새까만 글씨를 정성껏 적어넣은 것이다. 이 이본의 필사자 역시 후대에 순교한 분으로 알려져 있다. 선배 순교자의 편지를 가슴에 소매에 감추어두고 읽고자 작게 만든 책이다. 작은 책 크기와 유난히 새까만 정성스런 글씨에서 사진을 찍어 출간한 영인본으로는 실감하기 어려운 원본의 감동을 느꼈다. 십자가는 더했다. 목에 거는 작은 것이 아니라 손바닥만한 크기의 나무 십자가였다. 전면에 쇠로 만든 예수상을 붙였는데 얼마나 만졌는지 예수 얼굴이 다 닳았다. 반질반질해진 예수상에서 이순이의 손길과 숨결이 느껴졌다. 모진 매질에 신음하면서 또 목에 씌운 칼로 숨도 제대로 쉬지 못하면서 어쩌면 이 십자가의 예수를 만지며 하루하루 연명하면서 천국을 기약했는지 모른다.

연구에서 원본성 못지않게 중요한 것이 현장성이다. 나는 박사논문을 『완월회맹연』이라는 조선시대 대장편소설을 가지고 썼다. 옛날 책으로 총 180책, 현대 간행본으로는 사오백 쪽 분량의 책 열두 권이다. 현대소설 중에도 이만한 분량의 작품은 찾기 힘들다. 그런데 이 작품은 다른 고전

소설과 마찬가지로 작가가 밝혀져 있지 않다. 임형택 선생이 "완월은 안겸제의 어머니가 썼다"는 『송남잡지』의 기록을 소개하며 '완월'이 『완월회맹연』일 가능성을 제기한 바 있는데, 나는 이를 이어 작가를 추적했다. 조선을 대표하는 대장편소설의 작가가 여성이라는 사실에 학계는 놀랐다.

나는 무작정 추정 작가의 무덤이 있는 경기도 파주의 금촌으로 향했다. 봄기운이 막 올라오는 4월 봄날 아내와 갓돌이 지난 큰아이를 데리고 가족 소풍을 간 것이다. 햇살은 따뜻했고 무덤 위의 풀은 푸릇푸릇해서 아기의 하얀 얼굴이 더욱 빛났다. 한동안 무덤가에 햇살을 맞으며 앉아 있었다. 무덤을 둘러보고 비석을 살피니 6·25전쟁 때 남은 치열한 전투의 흔적이 군데군데 보였다. 특별한 이유를 댈 수는 없지만 무덤에 와보니 무덤 주인이 작가일 것이라는 확신이 생겼다. 이러한 믿음을 바로 논문에 옮길 것은 아니지만 무엇보다 연구자로서 작가와 운명적 일체감이 생겼다. 답사 현장에서 얻은 느낌은 무엇보다 연구에 열정을 부여한다. 무덤에서 내려와 후손 집을 찾아가 그에게 작품과 관련된 여러 사항을 질문하면서 어느새 후손에게서 작가의 얼굴을 찾았다. 후손은 따뜻한 말로 식사는 했는지 물었고 점심을 먹고 가라고 권하며 아이에게 과자를 쥐어주기도 했다.

이순이의 생가 동네, 시집 터, 감옥, 처형장을 둘러보며 느낀 것도 이와 다르지 않다. 어찌 보면 연구의 결과로는 아무것도 얻지 못했다 할 수 있지만 현장에서 연구를 더 깊이 밀고 나갈 확신과 힘을 얻을 때가 적지 않다. 그래서 현장은 늘 소중하다.

일본 천주교 순교사

본격적으로 천주교회사를 연구하기 전에도 나가사키는 다녀온 적이 있었다. 그때는 나가사키에서 원폭자료관, 서양인 주택에 들르고 원조라는 카스테라나 먹고 그만이었다. 천주교 순교에 대해서는 듣지도 못했고 말하는 사람도 없었다. 어떤 곳이라도 주제가 바뀌면 완전히 달라진다. 천주교 전래와 수용에 관심을 가지자 관련된 볼거리가 줄줄이 눈에 띄기 시작했다.

일본은 섬나라라 뱃길을 통해 외래문화가 들어왔다. 서

양문화가 들어온 것도 마찬가지여서 16세기 서양의 이른 바 대항해시대에 예수회 소속의 스페인 출신 신부 하비에르가 처음 규슈 남단 가고시마에 상륙했다. 이후 규슈는 서양문화와 함께 천주교 전래의 근원지가 되었고 이 무렵부터 나가사키는 중요한 교류 항구였다. 심지어 나가사키 인근 구마모토의 봉건 영주인 고니시 유키나가小西行長까지 천주교 신자가 되어서, 고니시가 임진왜란의 선봉장으로 출전했을 때 스페인 출신의 예수회 신부인 세스페데스가 따라와 한국에서 포교하기도 했다. 또 십만 명이 넘는 조선인 포로들이 일본으로 끌려갔을 때 조선인 천주교 신자가 급격히 늘었는데 나가사키 부근에서만 수천 명이 넘는 조선인이 세례를 받았고 뒤에 조선인 천주교회까지 설립되었으며 여기서 적지 않은 순교자가 나오기도 했다.

일본은 처음에는 서양인이 가지고 온 총포에 환호했고 종교는 대수롭지 않게 여겼다. 그런데 신자들이 크게 늘어나면서 서양인의 신앙이 일본의 전통 신앙을 인정하지 않는다는 사실을 알게 되자 금교령을 내리고 이를 점차 강화했다. 천주교의 배후에 서양의 막강한 군사력이 있어서 일본을 침략할지 모른다는 위기감도 탄압의 다른 이유였다. 도

요토미 히데요시에서 도쿠가와 이에야스로 권력이 이동하고 새로운 막부가 들어서면서 탄압은 더욱 심해졌는데, 신자에게 배교를 강요하고 응하지 않으면 고문하고 죽였다.

이 와중에 나가사키 옆 시마바라에서 대규모 민란이 발생해 중앙의 막부에서 토벌대를 보내 진압했다. 이 지역은 지역 영주조차 교인일 만큼 천주교 교세가 압도적이었으니 당시 사건은 농민 전쟁인 동시에 종교 전쟁이기도 했다. 삼만 명 내외의 농민군은 십자가 깃발을 흔들며 바닷가의 성하라에서 농성전을 벌이나 결국 전원이 몰살당했다.

서양인들은 도쿠가와 막부의 혹독한 탄압으로 일본에서 천주교가 완전히 말살된 줄 알았다. 그런데 19세기 중반 다시 아시아로 세력을 넓히면서 일본에 상륙한 서양인들은 놀라운 일을 목도했다. 이백 년 이상 숨어서 신앙을 이어온 사람이 오만 명 이상 있다는 사실이 밝혀진 것이다.

일본의 종교 탄압은 상상하기 어려울 정도여서 조선에까지 그 잔혹함이 알려졌다. 옆구리를 창으로 찔러 관통시키기는 오히려 가벼운 축이었다. 바닷가에 십자가를 세워 매달아놓고 밀물과 썰물이 교차될 때마다 조금씩 짠물에 젖게 해 죽이기도 했다. 나가사키 옆의 온천 마을 운젠에서는 극심한 고문과 매질로 상처가 난 몸에 끓는 온천물을 붓기도 했고 신자를 온천물에 던져넣기도 했다. 또 칼이 날카로운지 시험한다며 사람을 토막토막 잘라서 버리기도 했는데, 토막 난 시신을 신자들이 성물로 취급하자 유체를 태워 뼛가루를 바다에 뿌렸다. 가장 유명한 고문은 아나즈리라고 불리는 고문인데 사람을 거꾸로 매달아 지하의 통 속에 머리를 집어넣었다. 피가 온통 머리로 쏠리면서 점점 고통스러워지는데 나중에 환청을 들으며 수일에서 수십 일에 걸쳐 죽어갔다.

신자를 색출하기 위해 특별한 방법을 고안하기도 했다. 매년 정월이면 나가사키의 모든 백성을 조사관 앞으로 불러 마리아나 예수가 새겨진 나무판 또는 금속판을 밟게 했다. 머뭇거리며 잘 밟지 못하는 사람은 신자로 간주되었으니 이날이 되면 신자들은 발을 깨끗이 씻고 조심스레 판을 밟았고 집으로 돌아온 다음 채찍으로 스스로를 때리며 하늘에 용서를 구했다고 한다. 이런 참혹한 상황에서 몰래 신앙을 이어온 사람들이 이렇게 많다니 정말 놀라운 일이었다.

나가사키, 운젠, 소토메

다행히 책이 출간되기 직전에 나가사키에 갈 기회가 생겼다. 마침 큰아이의 대학 입학이 결정돼 합격을 축하하는 뜻으로 가족 여행을 가기로 했다. 나가사키공항에 내려서 차를 빌려 먼저 운젠으로 향했다. 운젠은 일본 최초의 국립공원으로, 근대 이후 서양인들이 일본에 들어왔을 때 온천 휴양지로 이용해 유명해졌다. 지금은 퇴락한 시골 온천장으로, 천주교인을 고문하는 장소로도 쓰였던 온천은 12월 초 초겨울에 가니 관광객 한 명 보이지 않았다. 군데군데 수증기가 피어오르고 유황 냄새가 가득한 동네를 아이들과 한 바퀴 돌며 사백 년 전 일본 천주교 신자들의 신앙과 순교에 대해 들려주었다.

이튿날은 나가사키로 가서 순교기념관과 나가사키박물관을 구경했다. 기념관에는 순교자들의 편지가 보관돼 있었다. 이순이의 편지가 그랬듯 수신자에게 자기 걱정은 하지 말고 신앙에 충실하라고 권면하는 말을 담고 있었다. 거기서 본 것 중 예수상 대용으로 모시기 위해 문틈에 감추어 둔 미륵보살 등 성상과, 숨어서 신앙을 지키느라 그들 식대로 변질된 천주교 예식을 기록한 동영상이 오래 기억에 남았다. 박물관에는 시마바라 난의 농성지였던 하라성 발굴 조사에서 나온 탄환, 십자가, 묵주 등이 전시되어 있었다.

짧은 여행에 모든 것을 볼 수는 없었고 또 가족 여행인지라 아이들이 지루하지 않게 배려해야 했다. 내가 박물관에 오래 머무르며 살피는 동안 아이들은 금방 구경을 끝내고 밖에서 아이스크림을 사 먹고 놀았다. 박물관과 기념관만 다니면 아이들이 지치기 쉬우니 적당히 다른 관광지를 조합했다. 낮에는 차이나타운에 가서 나가사키짬뽕을 먹으며 나가사키가 네덜란드와 교역한 것으로 유명하지만 실은 중국 사람이 훨씬 많이 들어와 있었음을 말해주고, 저녁에는 데지마로 가서 카스테라를 먹으며 적극적으로 서양 문물을 받아들이려고 노력한 일본인의 분투에 대해 들려주었다. 아이들에게 설명은 어떤 때는 5분도 길다. 필요한 만큼, 원하는 만큼만 가급적 흥미로운 이야기로 들려주고 나머지는 스스로 알아가게 했다. 나는 나가사키 여행에서 큰 감동을 받았고 책을 마무리하는 데 필요한 힘을 얻었다. 하지만 아이들과 함께하는 여행이라 충분히 보지 못해 아쉬웠다.

이로부터 3년 후 우리 인문대학 동료 교수들을 인솔해

여행할 일이 생겼을 때 나가사키로 가자고 의견을 냈다. 나가사키는 동서 문화 교류의 거점이므로 문학, 역사, 철학 분야의 여러 교수들이 두루 관심을 가지리라 확신했다.

많은 분을 모시고 떠나는 여행이라 철저히 준비하기 위해 불문과 이영목 교수, 철학과 이석재 교수와 조촐하게 사전답사까지 다녀왔다. 이때 임진왜란 당시 일본 군대의 발진 기지였던 후쿠오카 인근의 나고야성에 갔고 나가사키와 함께 영국 등 서양과의 교류에서 전진 기지 역할을 한 히라도도 들렀다. 히라도는 임진왜란 때 끌려온 조선 포로들이 최하층민으로 비참하게 생활하며 떠돌았다는 기록이 남아 있어서 인상 깊었는데, 동행한 두 분은 동네가 한갓지고 깨끗해서 마음에 든다고 말씀했다. 이들 지역도 볼 만한 곳이었으나 총 사흘의 본 여행에 포함시키기는 동선이 좋지 않았다.

교수들과의 본 여행에서는 대신 소토메를 일정에 넣었다. 소토메는 나가사키 서쪽의 바닷가로, 언덕 위에 일본 천주교 순교사를 배경으로 삼은 소설 『침묵』을 쓴 엔도 슈사쿠의 문학관이 있고 또 거기서 약간 떨어진 곳에 그의 문학비가 있다. 외진 데 있을 뿐 아니라 문학관이라는 것이 원래 무슨 볼거리가 있는 경우가 드물어서 일정에 포함시키기를 주저했다. 그런데 사전답사에 동행한 두 분이 일정에 넣자고 권했다. 답사 팀의 성격에 잘 맞을 거라고 말씀하셨다. 결과는 대성공이었다. 이곳을 보려면 대신 다른 여러 곳을 포기해야 하는, 동선상으로는 불편한 장소였지만, 일행은 나중에 이곳을 가장 인상적인 여행지로 꼽았다. 눈으로 보는 여행을 좋아하는 사람이라면 다른 데서도 볼 수 있는 바다를 보러 뭐 이리 멀리까지 왔느냐고 말할지 모르지만, 우리는 바다를 보러 온 것이 아니라 『침묵』을 그리러 왔다.

문학관을 구경한 후 '침묵의 비'라고 불리는 문학비를 찾아 나섰다. 오래된 것도 아니고 특별할 것도 없는, 사방 1미터 정도 되는 작은 돌을 보기 위해 모두 버스에서 내렸다 탔다를 반복하며 이리저리 찾아다녀야 했다. 겨우 찾은 비석에는 "인간이 이렇게 슬픈데, 주여, 바다가 너무 푸릅니다"라는 글 한 줄이 적혀 있을 뿐이었다. 아무것도 아닌, 어찌 보면 초라한 문학비이지만 동행한 교수들은 그 배경과 역사를 생각하며 작지 않은 감동을 받았다.

나가사키에 다녀온 후 소토메에서 감동한 사람들이 수필

과 시를 발표했다. 철학과 김상환 교수는 수필을, 국문학과 방민호 교수는 시를 썼다. 여행 후에 남는 것은 사진뿐이라며 열심히 사진을 찍는 사람도 많지만, 문학적 여운은 눈에도 머리에도 또 가슴에도 남는다. 『침묵』의 역사와 소토메의 인상적인 푸른 바닷빛이 문학비의 구절과 어울려 비감에 젖었다.

노근리평화공원의 장미

우리 국어국문학과가 모두 한곳으로 떠나는 학술답사는 4년에 한 번 진행한다. 학과 교수와 학생 수가 적지 않아 매년 다 함께 움직이기가 부담스러울 뿐 아니라 현대문학, 고전문학, 국어학 세 세부 전공마다 성격과 관심이 약간씩 달라 세 번은 전공별로 답사를 진행하고 네번째 해에 전체 답사를 떠났다. 언제부턴가 그렇게 해왔는데, 4년마다 돌아오는 주기가 월드컵이 열리는 해여서 전체 답사를 '월드컵 답사'라 부른다. 이전에는 답사 지원금이 넉넉해서 먹고 자는 것이 좋았으나, 요즘은 예산은 빠듯한데 학생들의 생활 수준은 높아져서 적당한 숙소와 식당을 찾기가 어려워졌다.

2016년 봄 중부권을 답사지로 결정하고 식당과 숙소를 수소문했다. 학과 답사로는 처음으로 이동 경로에 맥주공장 방문을 넣었다. 잠깐 공장 설비를 둘러보고 시음실로 이동하면 15분 동안 시원한 생맥주를 무제한으로 마실 수 있다고 했다. 백 명이 넘는 인원이라 모두 한 잔을 받는 데 걸리는 시간만도 짧지 않아서 근 한 시간을 머물며 맥주를 마시고 담소를 나누었다. 세련되고 쾌적한 실내에서 무료로 시원한 맥주를 한 잔씩 받으니 모두들 즐거운 표정이었다. 우리 학과에는 외국인 유학생도 상당히 많은데 그 친구들도 만족스러워했다. 일부러 찾아갈 이유는 없지만 공장 조경이나 환경, 설비가 모두 깨끗해서 시간과 동선만 맞으면 좋은 선택지일 수 있다.

식비 이상으로 여비에서 큰 부분을 차지하는 항목이 숙박비다. 마침 충청북도 영동의 노근리평화기념관이 연수 숙박 시설을 갖추고 실비로 연구자와 학생을 받아들인다는 말을 들었다. 우리에게 딱 맞는 조건이었다. 값이 저렴할 뿐 아니라 배움까지 얻을 기회였다. 이해는 전공별 답사를 진행하는 해였지만 좋은 곳을 찾았으니 고전문학과 현대문

학 전공이 함께 움직이기로 결정했다. 그래서 노근리를 답
사지로 결정했는데, 실은 다른 이유도 있었다.

진주 보도연맹 학살 사건

그해 초 부모님 댁에 갔다가 충격적인 얘기를 들었다.
어머니의 6·25전쟁 경험담이었다. 1950년 당시 어머니는
11세였다. 전쟁이 나고 국군이 계속 후퇴하면서 경상남도
산청에 있던 외가 식구들이 진주로 피란을 갔는데, 어느 날
외할아버지가 경찰의 소집 대상이 되셨다. 어머니가 외할
아버지를 따라 나가보니 경찰인지 군인인지 모를 사람들이
모아놓은 사람들을 짐승 다루듯 했다. 어머니는 상황이 이
상해서 외할아버지에게 매달려 떼를 쓰면서 트럭에 못 타
게 막았고, 외할아버지는 딸을 달래느라 트럭에 올라타지
못했다. 그 덕분에 외할아버지는 목숨을 건지셨다. 외할머
니는 그날 산청에서 진주로 피란 짐을 싣고 트럭을 타고 오
시다가 진주 부근에서 길이 막혀 짐을 트럭 기사에게 맡기
고 차에서 내려 걸어오셨다. 그때 멀리서 콩 볶는 듯한 총

소리가 들리더니 산에 흰 빛이 가득 찼다. 흰옷 입은 민간인들이 사살당해 시신이 널린 모습이 멀리서 그리 보였다. 외할머니는 집으로 오자마자 외할아버지의 소재를 물었고 집에 계신 것을 확인하고 안도했다.

어머니가 외할아버지를 구한 이야기의 전후를 조합해 추리해보니 외할아버지가 진주 국민보도연맹 학살 사건의 희생자가 될 뻔했구나 싶었다. 이 학살 사건은 희생자가 십만 명에서 이삼십만 명에 이르는 것으로 추정되는 국민보도연맹 학살 사건의 일부다. 전쟁 직전에 좌우 대립이 극심한 상황에서 좌익 혐의점이 있는 요주의 인물들을 국민보도연맹이라는 조직에 가입시켜놓고 관리했는데, 전쟁이 발발해 전황이 불리해지자 위험을 관리하는 차원에서 나치가 유대인을 학살하듯 이들을 '멸절'시키려고 했다. '사상 검사' 오 제도가 국민보도연맹 조직의 실무를 맡았는데 실적을 부풀리기 위해 농부들에게 비료 등을 나누어주며 가입을 권유해 회원 수를 늘렸다고 한다. 이렇게 가입한 인원이 수십만 명에 달했다고 하니 당초 의도한 좌익 인사만이 아니라 일반인들까지 학살한 것이다.

외할아버지는 제재소를 운영해서 부유한 편이시라 일가

사람들이 장날이면 들러서 식사도 하고 쌀말도 얻어갔는데 개중에는 더러 산에서 내려온 사람, 곧 빨치산도 있었다고 한다. 그런저런 이유로 국민보도연맹에 이름이 오른 것 아닌가 짐작하지만, 외할아버지의 전후 행적을 보면 좌익과의 연관은 보이지 않는다. 그런데도 하루아침에 돌아가실 뻔했고 영리한 따님의 만류로 구사일생으로 살아났다. 좌익 혐의점이 있어도 이런 식의 몰살은 문명 세계에서는 말도 안 되는 일인데 더욱이 아무런 혐의조차 없는 사람들이 수없이 죽었으니 얼마나 억울하고 원통한 일인가.

함양, 산청, 거창 학살 사건

전쟁 이야기가 시작되자 이야기의 봇물이 터졌다. 아버지는 함양, 어머니는 산청이 고향이다. "함양 산청 가는 길은 골로 가는 길"이라는 말에서 알 수 있듯, 부모님의 고향은 전쟁중에 깊이 참화를 입은 곳이다. 그런데도 50년 가까이 한 번도 얘기를 듣지 못했는데 부모님께서 처음으로 가슴에 담은 말씀 일부를 내놓으셨다. 전쟁 체험은 그것을

노근리평화공원의 장미 185

겪은 사람에게는 그의 일부가 아니라 전부라는 것을 예전에 박완서 선생을 만나 깊이 느꼈다. 박완서 선생은 데뷔작인 『나목』부터 전쟁 체험을 다루었지만 돌아가시기 직전 해에 우리 학교를 방문하셔서 저녁 식사를 하며 얘기를 나눌 때도 전쟁 체험을 말씀하셨다. 그날 당신의 죽음을 예고라도 하듯이 박경리 선생의 폐암 투병을 말씀하셨는데, 이와 함께 1·4후퇴 때 서울에 들어온 중국군에 대해서도 말씀하셨다. 중국군은 오랜 행군으로 지쳐 보였지만 규율을 잘 지켜 민간인에게 폐를 끼치지 않으려 하더라고 회상하셨다. 한 개인에게 전쟁 체험은 죽을 때까지 잊을 수 없는 기억이다.

6·25전쟁 시기 우리 고향에서 일어난 학살은 국민보도연맹 학살 사건으로 그치지 않았다. 아버지는 자신의 경험을 구체적으로 말씀하시지는 않았지만 이야기를 이어가면서 간혹 맞장구를 쳤다. 전쟁 초기 국군이 후퇴할 때 대전 등지에서 교도소 수감자 천 명 이상을 대규모로 학살한 일이 있고, 1951년 1·4후퇴 때 전쟁에 동원한 보충대 천여 명을 굶겨 죽이고 얼어 죽게 만든 국민방위군 사건도 있었다. 1950년 당시 16세로 고향 함양에 계셨던 아버지는 간

간이 빨치산이 되어 지리산으로 올라간 작은할아버지 뒷수발을 드셨다고 하니, 함양, 산청, 거창의 학살을 모를 수 없을 것이다. 자세히 말씀하시기보다는 학살로 인해 제삿날이 한날인 동네가 있다는 정도로만 언급하셨다. 그 동네는 제삿날이 되면 동네가 쥐죽은듯 고요했는데 모두들 차마 밖으로 울음소리를 내지는 못하고 속으로 통곡했다 한다. 학살 피해자들이 울음소리를 냈다가는 빨갱이들이 정부를 원망한다는 비난을 들으니 소리도 내지 못하고 울었던 것이다. 실제로 제주 4·3학살의 피해자 유족이 전쟁 후 추모 행사에서 집단 통곡을 했다가 경찰서로 불려가서 조사를 받으며 고초를 겪기도 했다. 이를 '아이고 사건'이라고 부르는데 이처럼 소리 내어 울 수도 없었던 것이 그간의 상황이요 역사였다. 그 정도로 참담하고 무시무시한 시절을 부모님이 살아오셨는데도 나는 이 사실을 전혀 알지 못했다.

이 가운데 1951년 거창 학살 사건은 나도 어릴 때부터 여러 번 들었다. 사건이 있었던 신원면 골짜기에 큰고모님이 사셨다. 1970년대 중반 고모 댁을 찾아가는데 워낙 골짜기라 다른 차편이 없어서 택시를 탔다. 택시가 흙먼지를 날리며 산골짜기 길을 올라가면 아이들은 먼지 구덩이 속으로 들어가서 차를 쫓아 뛰어왔다. 차바퀴가 일으키는 흙 먼지마저 신기해하던 곳이었다. 고모 댁에 가니 전기가 아 직 들어오지 않아서 호롱불을 밝히고 있었다. 그런 곳에 국 군이 들어와 온 마을 사람들을 소집하여 빨갱이라 이름 붙 이고 몰살시켰다. 이 사건은 그래도 즉시 거창 출신의 용감 한 국회의원 신중목의 폭로로 외부에 알려져 국회에서 직 접 조사까지 했다. 그런데 그 깊은 골짜기로 들어오는 조사 단을 국군이 빨치산으로 위장해 총질을 했다. 국회의 조사 활동을 노골적으로 방해할 정도로 학살 집단의 소행은 대 담했다. 이런 사실까지 밝혀지며 해외 언론에서도 주목하 자 책임자들을 법정에 세울 수 있었는데 결국 처벌은 유야 무야 끝나고 말았다. 조직적으로 전국에서 살인 범죄를 진 행한 이승만 정권의 만행 중 일부였으니 그들이 스스로를 처벌할 리 없었다.

아버지는 이 골짜기에서 얼마나 많은 사람이 죽었는지 피가 시내처럼 흘러내렸다고 말씀하셨다. 희생자 719명 가 운데 10세 미만이 313명이었다고 하니 그 잔인함을 짐작 할 수 있다. 당시 외신에서는 이 사건의 처리 과정 등을 보 고 "한국에서 민주주의가 꽃피길 바라는 것은 쓰레기통에서 장미가 피기를 기다리는 것과 다름없다"고 보도할 정도였다. 직접 학살에 가담하지는 않았지만 상급 학살 부대인 11사단 9연대의 통역장교로 복무했던 이영희 선생은 자서전 『역정』에서 이 사건을 통해 한국인의 잔혹성을 다시 보게 되었다고 했다. 캄보디아의 킬링필드를 야만이라 부르는가. 보스니아 내전에서 세르비아계가 무슬림과 크로아티아계를 상대로 벌인 인종 청소에서 학살 범죄의 잔혹성을 떠올리는가. 그렇다면 우리도 불과 얼마 전까지 하나도 다를 바 없었음을 알아야 한다.

지금 드러난 면면을 보면 거창 학살 사건은 그 지역에만 국한되지 않았다. 이 사건은 1951년 2월 7일부터 9일까지 국군 11사단 9연대 3대대 한 부대가 함양, 산청, 거창의 지리산 인근 지역 마을들을 돌며 공비와 교통하는 사람들을 처단한다는 명목으로 저지른 연속적 만행의 일부이다. 견벽청야堅壁淸野라는 작전 구호를 내걸고 빨치산의 근거를 말끔히 소탕하겠다며 이민족은 물론 짐승에게도 결단코 해서는 안 되는 야만적 전술을 자기 백성, 자기 형제에게 적용해 근 천오백 명의 민간인을 무참히 죽인 사건이다. 학살을 얘기하는 중에 거의 침묵을 지키시던 아버지도 경남 지구 계

엄민사부장 김종원과 같은 유명한 살인마의 이름 앞에서는
치를 떨었다. 김종원은 구 일본군 출신으로 눈앞에 거슬리
는 민간인을 일본도로 마구 베어 죽인 것으로 악명이 높다.
어떤 때는 수십 명을 동시에 베기도 했다고 한다. 그는 '백
두산 호랑이'를 자처했는데 군인으로서 맨손의 백성들을 마
구잡이로 죽이면서 같잖은 용맹을 자랑했다.

사건 발생 10년 후 4·19혁명으로 비로소 유족회가 결성
되어 진상 규명에 나섰으나 5·16쿠데타로 집권한 박정희
정권은 유족회 회장을 형장에 보내버렸다. 학살 가담자들
이 경찰에 군대에 권력 요로에 있는 상황이었다. 학살 피해
자와 유족은 다시 깊은 침묵에 잠겼다. 그들은 빨갱이 아닌
빨갱이가 되어 제대로 된 직장에 취업도 하지 못했으니 피
해 사실을 가슴 깊숙한 곳에 박아놓고 다시는 꺼내지 못했
다. 1990년대부터 민간인 정부가 들어서면서 진상 규명과
명예 회복이 조금씩 이루어지고 있지만, 국가 책임에 대한
법적 다툼은 아직도 진행중이다. 그러니 책임자들에 대한
법적인 처벌은 물론 역사의 심판조차 제대로 이루지 못했
다. 그러는 사이 책임자와 관련자가 거의 죽어 책임 소재를
가리기가 갈수록 어려워졌다.

전쟁 시기 민간인 학살의 핵심 책임자로 국방장관 신성모, 특무대장 김창룡 등을 꼽을 수 있고, 함양, 산청, 거창 사건의 명령 계통에 있는 주범들은 대대장 한동석, 연대장 오익경, 사단장 최덕신이다. 하지만 이 모든 사건의 최고책임자는 학살 피해자 유족이 개승만이라 부르는 이승만이다. 6·25전쟁 시기 민간인 학살자 수는 인구 증감치를 토대로 분석해볼 때 대략 백만 명에 달하는 것으로 추정한다 신기철, 『멈춘 시간 1950』. 이승만은 자기 백성 백만 명을 죽인 학살자라고 말할 수 있다. 사정이 이런데도 아직도 그를 건국의 아버지니 국부니 하면서 높이는 사람들이 있으니 한심하고 참담하다.

소설가 김정한 선생은 함양, 산청, 거창 사건의 참혹함을 되새기며 '차라리 개를 배우자'라는 칼럼 부산일보 1960년 5월 23일 을 썼다. 그는 "팔순이 넘은 노인들을 비롯해서 주로 부녀자, 어린애, 젖먹이들까지 모조리 빨갱이로 몰아서 한꺼번에 사오백 명 내지 칠팔백 명씩 피란이다 시국강연이다 해서 몰고 나와 총화銃火와 휘발유로써 쏘아 죽이고 태워 죽였던 것이다. 동족이라 믿었기에 '설마' 하고 끌려나왔으나 어느 이민족도 일찍이 그렇게는 안 했던 무차별 사살을 했을 때 그들은 조국을 무어라 부르며 쓰러졌을까?"라고 말하면서 당시 참혹한 현장의 에피소드 하나를 전했다. "산청군 어느 두메에서는 대제전이 있은 뒤 한 집에 개와 어쩌다 어머니와 죽음을 동행 못한 젖먹이만이 남아 있었는데 학살의 대사업이 있은 사흘 만에야 이웃 마을 사람이 가보았더니 개가 어린애에게 젖을 먹이고 있더라고." 김선생은 사람보다 나은 개를 보고 개보다 못한 사람들을 향해 "산청의 개의 사랑을 배우자!"라고 절규했다.

노근리 학살 사건

부모님 이야기를 듣고 정신이 번쩍 들었다. 1988년 잡지 『말』 12월호에 김태광 기자의 국민보도연맹 학살에 대한 기사가 실렸는데, 전쟁중에 수십만 명에 이르는 민간인이 학살을 당했다는 내용이었다. 기사 내용이 구체적이었음에도 당시 기사를 도저히 믿을 수 없었다. 어떻게 그렇게 많은 사람이 죽었는데, 심지어 내 고향 근처에도 학살이 있었는데, 한 번도 듣지 못했나 믿을 수 없었다.

이건 꼭 알아야 한다. 이건 꼭 가르쳐야 한다. 부모님의 말씀을 듣고 이런 생각이 들었다. 6·25전쟁 시기 학살 사건은 한국 사람이라면 전공이 무엇이건 꼭 배워야 한다. 그러던 차에 노근리평화기념관을 만났다.

5월의 환한 날 버스 세 대에 학생들과 교수들이 동승하여 노근리를 찾았다. 기념관 정원에 장미, 작약, 붓꽃 등이 활짝 피어 있었다. 노근리 학살은 미군 범죄로 국제사회에서 주목을 받으면서 널리 알려졌다. 학살 생존자를 만나 학생들과 함께 사건이 일어난 철로 아래로 가서 설명을 들었다. 1950년 7월 남쪽으로 가던 피란민들을 후퇴하던 미군들이 기관총으로 사격해 이삼백 명의 사상자가 발생했다. 피란민 가운데 민간인으로 가장한 북한 병력이 있다는 그릇된 정보를 믿고 그랬다지만, 아이들을 포함해 남녀노소를 불문하고 공격을 가했다는 점에서 학살 책임을 면하기 어렵다. 굴다리 아래로 가서 남아 있는 탄흔을 보니 날아오는 총알을 피해 아이를 안고 도망치는 피란민의 아우성이 메아리쳐 들려왔다.

우리 현대사에서 중요한 사건에 대해 미국의 책임을 묻는 일이 적지 않다. 그 출발은 대개 제주 4·3사건에서 찾는다. 미국이 지휘하고 한국이 실행한 이 사건은 뒤에 이어질 수많은 학살의 전조였다. 다만 노근리 사건을 공부하면서 부러웠던 부분은, 가해 미군 중에 자신의 행동을 참회하는 사람들이 있었다는 것이다. 한국에서는 백만 명에 이르는 민간인 학살 사건이 벌어졌음에도 불구하고 아직 단 한 명도 공식적으로 공개적으로 반성하는 모습을 보이지 않았다. 학살 가해자를 유일하게 법정에 세운 사건인 거창 사건의 공판 기록을 살펴보아도 참회와 반성은 일절 찾을 수 없고 가해자들은 변명으로 일관한다. 심지어 어떤 경우에는 반성은커녕 과거 행적을 공공연하게 자랑하고 과시한다. 거창 사건을 주도한 사단장 최덕신은 이후 남한에서 부귀영화를 모두 누리고 박정희와 불화하여 끝내 월북했다. 북한에서 영웅 대접을 받고 죽어 애국열사릉에 묻혔는데 이런 자조차 회고록에서 반성은 없이 변명만 늘어놓는다. 빨갱이 아닌 민간인들을 빨갱이라고 죽여놓고 정작 자신은 그 나라로 망명한 자가 말이다.

학살의 침묵을 깨는 데는 용기가 필요하다. 돌아가신 사촌 형님이 5·18광주민주화운동 때 공수부대 사병으로 광주에 갔다. 나는 광주의 일은 정부에서 던져주는 정보로만 알다가 대학 입학 후 실상의 일부를 볼 수 있었다. 어느 방학 부산 본가로 가 형님을 만난 자리에서 도대체 광주에서 어떤 일이 있었는지 물었다. 형님은 아무 말이 없었다. 둘 사이에 무거운 침묵만 남았다. 이 일이 있고 얼마 지나지 않아서 형님이 돌아가셨기에 다시 물을 기회가 없었다.

광주의 일은 50년이 지나서야 처음으로 공개 사죄를 하는 사람이 한 명 나왔다. 참으로 다행스럽고 고마운 일이다. 학살 가해자 중에는 스스로 인간이기를 포기한 과거의 잘못으로 무거운 짐을 지고 살아가는 사람들이 있다. 6·25전쟁 시기의 일은 이제 가해자에게 직접적인 책임을 묻기에는 너무 늦었다. 반성과 사죄를 요구하기도 늦었다. 남은 것은 기록뿐이다. 가해자가 진상이라도 남길 수 있도록 필요하다면 면책과 비밀을 전제로 고해성사를 받듯 사건을 성실히 기록하도록 하기 바란다.

현장의 의인들

답사를 다녀온 학생들은 절집과 서원 그 어떤 장소보다

노근리평화기념관에서 큰 감동을 얻었다고 했다. 답사 후에 기념관의 정구도 관장께서 선친 정은용 선생의 증언록 『그대, 우리의 아픔을 아는가』[1994]를 보내주셨다. 정은용 선생은 전쟁 당시 경찰관으로 근무했으며 확고한 반공 이념을 가진 분이었는데, 우군인 미군에게 다섯 살과 두 살의 어린 자녀 둘을 잃는 아픔을 겪고는 노근리 사건을 세상에 알리는 데 일생을 바쳤다.

나는 이 책에서 한 줄기 빛을 보았다. 충남 예산에서 학살을 막은 예산경찰서 사찰주임 김영철 경위가 바로 그 주인공이다. 학살 당시 예산 인근 지역에서는 엄청난 민간인 희생자가 발생했는데 예산은 거의 무사했다. 그 이유를 이 책이 구체적으로 보여주었다. 김 경위는 지금 국군기무사령부에 해당하는 방첩대 요원이 권총을 들이대며 명령을 내리는데도 구금중인 국민보도연맹 가입자 89명을 죽이지 않고 모두 풀어주었다. 덕분에 이 지역은 북한 점령기에 경찰에 대한 보복이 없었다. 북한군이 후퇴하고 국군이 수복한 후 김 경위의 당시 행위에 대해 직무유기 혐의를 걸고 징계위원회가 열렸는데, 경찰 계통의 정식 명령을 받지 않았다는 점과 해당 지역 경찰 피해가 적었다는 점으로 변호를 받아 직접적인 징계는 받지 않았다. 다만 징계성 인사 조치를 받아서 조치원경찰서 보안주임으로 전보되었다고 한다. 2009년 진실·화해를위한과거사정리위원회의 조사보고서를 보면 김영철 경위처럼 자기 신변의 위험을 무릅쓰고 다른 사람들을 구한 훌륭한 분들이 전국 곳곳에 계셨다. 이들의 행적 또한 잘 정리되어 널리 소개되기를 희망한다.

지금까지 학살 만행과 참상을 알리는 데 문학이 큰 역할을 했다. 제주 4·3사건은 현기영 선생의 『순이삼촌』1978이나 김석범 선생의 『화산도』1997와 같은 소설로 알려졌다. 1949년 크리스마스이브에 경상북도 문경의 한 골짜기 마을에 국군이 들이닥쳐 어린이 9명, 여성 44명을 포함해 온 마을 사람 86명을 학살한 문경 사건은 남상순의 『흰 뱀을 찾아서』1993를 통해서 널리 알려졌다. 그리고 거창 학살은 김원일의 『겨울 골짜기』1987에 그려져 있으며, 피카소가 그림으로 남겼던 황해도 신천의 크고 작은 학살은 황석영의 『손님』2001으로 되살아났다.

법사상가 김도균 교수는 근대 법체계의 근간이라고 할 로마법에서는 신앙과 인종에 관계없이 이방인이라 하더라도 인간의 모습만 갖추면 살해당하지 않을 권리를 인정했다고 한다『인간을 다시 묻는다』, 서울대학교 출판문화원, 2020. 이천 년 전 로마법에서 이미 인간의 기본적인 생명권을 이토록 잘 이해하고 있었음이 놀랍다. 인간을 어떻게 바라볼지 끊임없이 묻지 않으면 우리의 인식 수준은 얼마든지 이천 년 뒤로 퇴보할 수 있다.

나는 오랫동안 나치의 유대인 학살을 비롯해 해외의 사건은 계속 공부하며 알아왔지만 내 땅에서 벌어진 일들은 까맣게 몰랐다. 부모님 말씀을 듣고야 책을 읽고 또 전국을 다녔다.『순이삼촌』의 배경이기도 한 제주 조천읍 너븐숭이 4·3기념관 앞에는 애기무덤이 있다. 학살당한 두어 살의 아기들은 이장을 하지 않고 돌로 표시만 해두었기에 무덤이 그대로 남아 있다. 무덤 위에는 무심한 바람개비가 돌고 있었다. 여수, 순천, 군산, 경산, 문경, 대전, 태안, 서산, 강화, 인천, 고양. 알고 나니 전국이 학살지요 무덤이었다. 정희상 기자는 피해자의 입을 빌려『이대로는 눈을 감을 수 없소』1990라는 책을 냈고 최태육 목사는 자신의 심경을『어떻게 그럴 수 있는가』2018로 밝혔다. 신기철 선생의『멈춘시간 1950』2016 등 일련의 연구서도 꼭 봐야 할 책이다. 이제 우리는 사실을 알아야 하며, 다음 시간을 이어갈 후손들에게도 이를 알려주어야 한다. 따뜻한 봄이 오면 장미 만발한 노근리로 가봐야겠다.

동학 기행, 인간이 하늘인 세상

2020년 초 전 세계로 퍼진 코로나 바이러스는 일찍이 인류가 겪어보지 못한 세상을 만들었다. 접촉을 통해 전염이 되니 집밖은 보이지 않는 총탄이 날아다니는 전장이 되었고 편안하고 기쁜 마음으로 사람들을 만나거나 여럿이 모일 수 없었다. 가슴은 갑갑하고 경제는 어려워져 모두들 힘들어했지만, 원래 사회 활동이 적고 홀로 책을 읽고 글을 쓰는 시간이 많았던 나는 상대적으로 견딜 만했다. 이 책의 초고 또한 어떤 면에서는 바이러스 덕분에 더 쉽게 완성할 수 있었다. 바이러스가 준 또다른 선물은 동학의 발견이다. 초고를 어느 정도 완성해놓고 원고에 서술한 내용이 현장과 부합하는지 그사이 바뀐 것은 없는지 확인하고자 답사를 다녔는데 그 과정에서 동학을 만났다. 바이러스가 아니었으면 갖가지 일과 회의에 치여 답사에 집중하기 어려웠을 텐데 아이러니하게도 팬데믹 덕에 나만의 일에 집중할 수 있는 시간적 여유가 생겼다.

동학을 다시 만난 계기는 원주의 장일순 선생 기념관이었다. 한반도 땅끝 진도에 가서 세월호 희생자를 추모하고, 올라오는 길에는 광주에서 망월동 묘역을 찾았으며, 1970년대와 1980년대 한국 민주화운동의 배후 기지 역할을 한 원주를 찾았다가 무위당 장일순 사상의 바탕에 있는 동학의 두번째 교주 해월 최시형을 만났다. 그전에는 동학의 창시자인 수운 최제우의 사상과 동학농민혁명 정도만 어렴풋이 알고 있었는데, 해월을 만나면서 동학의 깊은 세계에 금세 빠졌다. 1989년, 아직은 대한민국이 먹고사는 것에 급급했던 시절에 장일순은 여러 동료들과 함께 한국 최초의 생태주의 선언이라고 할 만한 「한살림 선언」을 발표했다. 그 근저에 해월의 사상이 깔려 있었으니, 동학은 그만큼 시대를 앞섰다. 동학의 핵심에 사람이 하늘이요 만물이 하늘이라는 사상이 있다. 인본주의는 물론 생명사상, 생태주의가 내

재한 셈이다. "하늘로서 하늘을 먹는다"는 '이천식천以天食天'의 동학 사상은 먹는 주체나 먹히는 대상이나 모두 하늘이라는 뜻이다. 사람이나 동식물이나 모두 하늘로 존중을 받아야 한다는 말이다. 오늘날에도 선진적이라 할 생명 사상을 19세기 후반에 성취했으니 동학이 얼마나 앞선 혁명 사상인지 알 수 있다.

동학의 출발, 경주

동학은 1860년 경주에서 시작되었다. 교조 최제우가 고향 경주에서 세상을 바꾼 큰 깨달음을 얻었다. 그는 하느님의 목소리를 듣는 신비체험을 통해 세상을 향한 가르침을 얻었다. 하느님은 "내 마음이 곧 네 마음"이라고 말했는데, 하느님의 마음이 곧 사람의 마음이라는 말은 사람들이 각각 하느님을 모시고 있다는 말로 이해돼 "사람을 하늘처럼 섬기라"는 사상으로 연결되었고, 이어 "사람이 곧 하늘이다"는 인내천人乃天 사상에 이르렀다. 이 큰 깨달음을 천도天道라 했고, 천도의 가르침을 동학이라 했다. 하늘의 가르침에 굳이 따로 이름을 붙일 이유가 없었지만 당시는 서학으로 불리는 천주교가 널리 퍼진 때인지라 서학으로 오인되지 않도록 동국 사람이 스스로 깨우쳤다는 의미에서 동학이라 이름 붙였다. 조선은 세계에서 유일하게 선교사의 포교를 통하지 않고 독학으로 기독교를 받아들인 나라인데, 그 사상적 자주성이 동학으로 활짝 꽃피웠다.

진정으로 크고 놀라운 변화는 언제나 세상의 변두리에서 일어나는 법이다. 동학 역시 그랬다. 조선은 서양이 이끈 전지구적 근대화에서 최말단에 있었다. 서양이 동쪽으로 세력을 넓혀올 때 그 끝자리에 있는 동아시아에서도 중국이나 일본에 비해 수백 년 늦게 서양을 만났다. 가장 늦게 근대의 길에 들어선 한국에서도 경주는 더더욱 외진 곳이었다. 더욱이 최제우는 주변부에서도 주변인이었다. 한국 유학과 선가의 비조로 꼽히는 최치원의 후예요 부와 덕망으로 유명한 경주 최 부잣집 후손이라고는 하나, 당대에는 재산이든 명예든 변변찮았다. 아버지가 학자라고는 하나 매번 과거에 낙방해 뜻을 이루지 못했으며, 최제우는 이런 집안에서도 적손 취급을 받기 어려운 신세였다. 어머니가 초혼이 아니라 재가하여 최제우를 낳았으니 조선의 법

률에 재가녀의 자손은 과거 시험을 볼 수 없다는 규정이 있을 정도로 차별받는 위치에 있었다. 관변 측 기록을 보면 최제우는 옷감 장사도 하고 훈장 노릇도 했다는데, 생계를 근근이 이을 정도로 빈한했다.

이런 최제우가 경주에서 새로운 종교를 창시한 데는 이 지역의 독특한 사회문화적 분위기도 영향을 미쳤을 듯하다. 경주는 조선시대 지배 이념인 유교문화로 비춰봤을 때 약간 특이한 점이 있다. 서원에서 그 특이점이 두드러지게 나타나는데, 서원은 지배 이념인 유교를 전파하는 핵심 기관으로 학교이면서 동시에 종교 기관이다. 유교의 교리를 강학할 뿐만 아니라 유교의 성인이나 뛰어난 선조를 모셔 제사지낸다. 따라서 제사 대상은 유교에서 존숭하는 문인 학자가 대부분이다. 그런데 경주에는 특이하게 무인과 서자를 모신 서원이 있다. 최제우의 중시조 최진립을 모신 용산서원은 조선에서 드물게 무인을 제사지내고, 최제우의 고향집 근처 안강에 있는 장산서원은 이언적의 서자 이전인을 제사지낸다. 무인과 서자까지도 서원에서 제사지낼 정도로 주변인의 자존감이 높은 이 지역 분위기 덕에 무인 후손이자 서자와 별 차이가 없는 처지의 최제우가 모든 인간을 존중하는 새로운 사상의 스승이 될 수 있지 않았나 싶다.

최제우는 세상의 맨 끝에서 세상을 뒤집는 과감한 사상을 제시했다. 사람이라면 누구랄 것 없이 하늘이어서, 양반이 아니라도 평민과 천민, 나아가 백정과 기생, 여성과 어린이까지 모두 하늘로 대접받아야 한다고 보았다. 오지영의 『동학사』[1940]에 의하면 최제우는 자신의 두 여종을 풀어주어 한 명은 며느리로 삼고 다른 한 명은 양녀로 삼았다고 한다. 신분에 의한 차별을 당연시한 조선 사회에서 억압받던 사람들에게 동학이 얼마나 복된 가르침이었을지 상상조차 하기 어렵다.

최제우가 깨달음을 얻은 경주 용담정은 시내에서 한참 떨어진, 구미산 계곡 깊은 곳에 있다. 지금 용담정은 천도교의 성지로 조성되어 있다. 천도교라는 이름은 1905년 3대 교주인 손병희가 붙인 것으로, 지금 천도교의 교세는 극히 미미하여 전국 어디에서도 잘 찾을 수 없지만, 용담정 입구의 용담교구 건물만은 신축으로 성지로서의 면모를 잃지 않으려는 모습을 보여준다.

최제우의 새로운 가르침에 사람들이 몰리자 가뜩이나 천주교 포교를 염려하던 조선 조정이 주시하기 시작했다.

"시천주 조화정 영세불망 만사지 侍天主造化定永世不忘萬事知"의 주문을 외면서 모여서 교리를 듣고 또 제의를 올리는 일이 천주교와 크게 다르지 않았다. 다만 목검을 들고 검무를 추면서 칼의 노래를 부르는 것이 독특했는데 이것이 무력 저항을 연상시켜 조선 정부를 더욱 자극했다. 최제우는 깨달음을 얻은 지 3년 반이 겨우 지나 체포되었는데 서울에서 내려간 선전관의 보고에 따르면 조령을 넘어서 경상도 땅에 들어서니 주막집 여인과 산골 아이들까지 동학을 말하지 않는 자가 없고 동학 얘기를 듣지 못하는 날이 없노라고 했다. 최제우를 체포해 서울로 압송하던 길에 철종 임금의 부고가 전해져 그 바람에 최제우는 대구의 경상도 감영으로 옮겨져 심문을 받았으며 마침내 그곳에서 칼을 받아 죽었다.

경주는 최제우가 태어나고 깨달음을 얻은 곳이며 또한 2대 교주인 최시형의 고향이기도 하다. 최제우는 자신의 이른 죽음을 예견이라도 한 듯 최시형에게 교주의 자리를 넘기노라 일찍이 선포했는데 그 때문에 교조의 부재에도 동학의 명맥을 이을 수 있었다. 최시형은 교조의 후계자이지만 나이는 교조보다 불과 세 살 적을 뿐이었다. 나이로야 친구일 수도 있지만 동학 내에서는 부자 또는 사제 이상 차이가 난다고 할 수 있는 교주와 후계자 관계였다. 최시형은 머슴살이를 하던 사람이니, 교조 못지않게, 아니 그 이상으로 동학과 잘 맞는 사람이다. 최시형은 경주 시내 중심가, 천마총 등 여러 고분이 군데군데 야트막한 산처럼 솟아 있는 대릉원의 맞은편 상점가에서 태어났는데 지금은 그 자리에 천도교 경주교구가 자리잡고 있다.

교조가 사형을 당한 후 동학은 서학과 마찬가지로 사학邪學으로 지목되어 탄압을 받았다. 최시형은 한평생 관원을 피해다녀야 했고 포졸이 들이닥치면 바로 도망갈 수 있도록 늘 보따리를 꾸려놓았다. 그래서 최시형의 별명은 '최보따리'였다. 도망자 신세였지만 최시형은 최제우 이상으로 많은 일을 했다. 교조의 가르침을 담은, 동학의 중심 경전인 『동경대전』과 『용담유사』를 수차례 간행하여 동학을 널리 퍼뜨렸고 다른 한편으로는 동학농민혁명을 주도했다. 최제우가 동학의 창시자라면 최시형은 전도자다. 불교에서 석가모니의 설법을 정리한 아난처럼, 기독교의 교리를 확립하고 포교의 강역을 크게 확장시킨 사도 바울처럼, 입도하고 죽을 때까지 37년 동안 최시형은 막중한 역할을 했다. 동학은 어느새 경상도를 넘어 전라도, 충청도, 강원도, 경기도, 황해도, 평안도, 함경도의 전국 팔도로 퍼져나갔다.

보은, 촛불집회의 맥

동서양을 막론하고 어떤 종교라도 그러하듯 동학은 종교인 동시에 사회정치사상이었다. 최시형에 이르러 교리가 정비되면서 동학은 사상적으로 더욱 깊어졌는데 사람을 하늘처럼 섬기라는 교리는 신분제의 차별과 억압 속에서 고통받던 하층민을 존엄한 주체로서 각성시켰고 각성한 백성들은 자기주장을 펴기 시작했다. 1871년 경상도 영해에서 동학교도 이필제가 농민을 모아 민란을 일으켰는데 탐관오리를 처벌하고 사형 당한 교조의 억울함을 풀어달라는 요구를 내세웠다. 동학을 인정해달라고 주장한 것이다. 영해를 접수한 이필제는 다시 문경에서 봉기하려고 했지만 실패했고 결국 사형을 당했다. 그러나 새 세상을 향한 조선 민중과 동학교도의 염원은 여기서 꺾이지 않았다.

탄압 속에서도 전국으로 퍼져나간 동학은 이로부터 20년

이 더 지난 1892년, 더욱 크게 세력을 결집해 교조 신원 운동을 본격적으로 전개했다. 먼저 충청도 공주에서 모였고 이어 전주 북쪽의 삼례에서 모였다. 해를 넘겨 지도부가 상경하여 궁궐 앞에서 상소를 올리기도 했으나 뜻을 이루지 못했고 다시 전주 남쪽 김제의 금구에서 집회를 열었으며 동시기 충청도 보은에서 최대 규모의 장기 농성 집회를 열었다.

누구나 마찬가지겠지만 나는 공부할 때 숫자가 나오지 않으면 뭔가 석연치 않은 느낌이 든다. 그리고 시공간을 정확히 확인해두지 않으면 사건이 머릿속에 명확히 남지 않는다. 그래서 숫자를 찾아보거나 추정하고, 연표와 지도는 늘 곁에 둔다. 조선시대 인구수, 동학교도 수, 동학집회 참가자 수, 동학농민혁명 피학살자 수 등등 숫자를 파악하기 위해 백방으로 노력한다. 그런데 숫자를 명확히 밝히는 것은 결코 간단치 않다. 특히 소외된 곳이나 어둠의 역사와 관계된 경우는 더욱 그렇다. 어림짐작도 용이하지 않다. 어렵다는 이유로, 정확하지 않다는 이유로, 또 부정확한 숫자가 오히려 그릇된 인상을 심을 수 있다는 이유로 숫자 세기를 포기하는 연구자들이 적지 않다. 하지만 나는 연구자로서 결코 숫자를 포기할 수 없고 포기해서도 안 된다고 생각한다. 숫자를 세는 데도 답사가 중요하다. 현장에 가봐야 추산된 숫자가 어느 정도나 가능한 규모인지 확인할 수 있기 때문이다.

보은집회는 읍내에서 10리에 못 미치는 장소인 장내리에서 열렸다. 교주 최시형이 그곳에 머물렀던 것도 한 이유겠지만 보은은 한반도 남부의 정중앙이니 전라, 경상, 충청의 주요 거점에서 모이기 편리했다. 1893년 3월 보은집회의 참가자 수는 기록마다 다르게 전한다. 어떤 기록은 일만 명이 모였다고 하고 어떤 기록은 칠만 명이라고 한다. 칠만 명이라는 숫자는 주최 측이 아니라 동학에 대해 비판적 태도를 보인 쪽에서 내놓은 추산이라, 큰 숫자라고 해서 쉽게 과장으로 치부할 수만도 없다. 지금 시민 집회의 참가자 수도 집계자에 따라 크게 다르니 백수십 년 전 집회의 참가자 수가 부정확한 것은 놀랄 일이 아니다. 더욱이 집회가 일회 또는 하루에 그치지 않았고 한 달 이상 지속되었으니 연인원을 파악하기란 더욱 어려웠을 것이다.

장내리는 우뚝한 속리산 아래 깊숙한 계곡으로 들어가는 길목에 위치하지만 너른 들판을 끼고 있다. 그 들판에서 솥을 걸어놓고 밥을 해먹으면서 집회를 이어갔으니 몇 명이 드나들었는지 정확히 파악하기 어렵겠지만 적어도 만 명은 충분히 수용 가능한 공간이다. 아직은 한기가 완전히 가시지 않았을 초봄, 흰옷을 입은 조선 백성 수만 명이 들판 여기저기서 주문을 외고 강론을 하며 또 연기를 피워올리며 밥을 지었을 모습을 생각하면 가슴이 뜨거워진다. 평생 미천하다고 또 가난하다고 무시당하고 멸시당한 백성들이 자기가 이 땅의 진정한 주인이라는 말을 펴기 위해 한자리에 모였다. 지금은 작고 조용한 마을만 남고 당시 집회와 관련된 흔적은 어디에서도 찾을 수 없지만, 들판 가운데 들어서면 그때 그 백성들의 함성이 메아리치는 듯하다. 백성들의 집회에 놀란 정부는 청주에 있는 군대를 파견하였고 선무사로 어윤중을 보내 해산을 종용했다. 사세가 부득이하면 청나라 군대에 파병까지 요청하려 했다. 평화 집회를 고수한 동학은 정부와의 충돌을 피해 임금의 해산 명령을 수용했지만 불씨는 그대로 남았다. 그것이 이듬해 동학농민혁명으로 연결되었다.

1892년부터 충청도와 전라도에서 열렸던 일련의 동학 집회는 정치 주체로서 민중의 의사표현과 힘을 보여준 사건이다. 선무사 어윤중은 보은의 집회를 서양 각국에 있었던 민주주의를 대표하는 기구인 민회에 견주었다. 비록 성공한 혁명으로 귀결되지는 않았지만, 그 정신은 1919년 3·1운동으로, 다시 1960년 4·19혁명으로 연결되었으며, 또 1980년과 1987년의 민주화운동, 2016년과 2019년의 촛불집회로 승화하였다. 이들 집회는 지배층과 외세에 짓밟히면서도 결단코 꺾이지 않는 한국 민중의 아우성이었고, 한국 역사를 한걸음 앞으로 나아가게 한 역사의 진정한 진보였다.

황토현에서 우금치로, 동학농민혁명

1894년 갑오년 동학농민혁명의 출발점은 전라도 고부다. 고부는 전주 남쪽으로, 현재는 정읍시 고부면이다. 1893년 전라도 대부분 지역이 가뭄으로 농사를 망쳤는데 그 상황에서도 탐관오리의 수탈은 그치지 않았다. 고부 군수 조병갑은 이미 있는 만석보 아래에 별로 필요치 않은 새로운 둑을 쌓으면서 백성을 무리하게 동원했다. 그뿐 아니라 완공이 된 다음에는 새로운 보의 혜택을 본 농민에게 과

중한 세금을 매겼다. 여기에다 부유한 농민에게 불효를 했느니, 음행을 했느니 하면서 죄를 뒤집어씌워 재산을 빼앗았고, 인근 태인에서 군수를 지낸 자기 아버지의 공덕을 기리는 비각을 세운다며 돈을 걷기도 했다. 이렇게 백성을 수탈하는 관리가 조병갑 하나로 그치지 않았다. 토지에 세금을 매기는 균전사부터 공물을 서울로 운송하는 일을 맡은 전운사까지, 중앙에서 파견된 관리들도 백성들의 고초는 살피지 않고 심지어 속임수까지 써서 가혹하게 세금을 걷어갔다.

이런 수탈은 조선 전역에서 벌어진 일로 고부 사람들만 유별나게 겪은 일은 아니다. 고부에서 큰 봉기가 일어난 데는 동학의 역할을 결코 무시할 수 없다. 동학의 사상은 물론, 그 조직과 동원력이 뒷받침되었기에 거대한 민중 저항의 물꼬를 틀 수 있었다. 직전 해의 보은집회와 같은 시기에 인근 금구에도 만 명에 이르는 사람이 모였다. 탐관오리들은 민중의 단합된 힘을 보고도 수탈을 멈추지 않았다. 마침내 1893년 11월부터 지역 민중이 사발통문을 돌리며 저항을 꾀했다. 동학으로 각성한 민중이 해방의 염원을 안고 썩은 지배층에 대항한 것이다.

1894년 1월 고부의 동학 접주로 알려진 전봉준이 주도해 천여 명의 백성이 고부 관아를 공격했다. 작은 마을 관아는 금세 점령되었고 조병갑은 담장을 넘어 도망갔다. 다른 민란도 마찬가지이지만 일차 목표가 달성되었다고 거사가 끝난 것이 아니다. 그것은 출발에 불과하다. 조정에서는 구 군수를 처벌하고 새 군수를 파견했으며, 또 안핵사를 파견하여 민심의 동요를 막으려 했다. 새 군수인 박원명은 백성들을 달래며 사태를 수습하고자 했지만, 새 군수와 함께 파견된 안핵사 이용태는 민란을 뿌리 뽑겠다는 듯 가담자를 찾아 엄벌했다. 사태 수습의 길을 찾던 백성들은 막다른 길에 몰리자 다시 저항할 수밖에 없었다.

전봉준은 처음부터 고부만 겨냥하지 않았다. 조정에서 새 군수와 안핵사를 파견할 때 전봉준은 이미 고부 인근 지역을 돌며 세력을 규합했다. 그는 처음부터 소읍의 지역적 경계를 훌쩍 넘는 저항을 계획했다. 저항 세력의 지도부는 격문을 발표하며 마침내 다시 봉기했다. 출발은 고부 남쪽의 무장이었다. 전봉준은 사천 명의 농민군을 이끌고 안핵사 이용태의 학정으로 고통받는 고부를 점령했는데 그사이 저항군의 숫자가 계속 불어나 근 팔천 명에 가까운 규모가 되었다. 저항군은 고부를 점령하자마자 진영을 인근의 부안군 백산으로 옮겼다. 너른 들 사이에 낮게 솟아오른 백산에 만 명 정도의 저항군이 진을 치자 그 광경이 얼마나 장관이었던지 '앉으면 죽산^{竹山}, 서면 백산^{白山}'이라는 말까지 나왔다. 저항군들이 앉으면 그들의 주무기인 죽창이 산을 이뤘고, 일어서면 하얀 옷을 입은 사람이 산을 이루었다는 말이다. 백산에 진을 쳤고 백산 바로 북쪽에 죽산이 자리하니 실제 지명으로도 뜻이 통했다. 이들은 보국안민을 내세우며 왜구를 내쫓고 권세가를 쓸어버린다고 했으니, 이들의 최종 목표는 조선의 혁명이었다.

저항군의 중간 목표는 전주의 전라도 감영 점령이었다. 관군이 저항군의 북상을 막기 위해 남으로 내려오자 고부 황토현에서 일전이 벌어졌다. 완승한 저항군은 바로 전주로 진격하지 않고 승기를 타고 보름간 주변 지역을 돌며 세력을 확대했다. 그사이 중앙에서 파견된 최정예 군대와 장성에서 한바탕 전투를 벌여 승전해 기세를 올렸다. 그런 다음 무장에서 봉기한 지 한 달여만에 전주성에 무혈입성했다. 조선 정부는 크게 동요해 청나라에 군대를 요청했는데 청군이 참전하자 일본군은 청하지도 않았는데 출병해 인천으로 들어왔다. 사세가 심상치 않게 돌아가자 저항군은 서둘러 정부와 휴전 협정을 맺었다. 그러나 일본은 처음부터 지역의 패권 다툼을 겨냥해 출병했으니 동학군의 휴전에 개의치 않고 청에 선전포고를 하고 전선을 확대했다.

청일전쟁은 처음부터 일본의 압도적 우위로 진행되었다. 천안에서 시작된 전투는 평양으로 전장을 옮겼고 다시 한반도를 벗어나 중국을 향했다. 그러는 가운데 일본은 주전장의 후방인 한반도를 다지고자 했다. 동학군과의 전쟁을 진행한 것이다. 정부와 휴전해 해산했던 동학군은 휴전 다음달 일본군이 궁궐을 점거하자 재봉기해 관군과 일본군의 연합군에 맞서 싸웠다. 결전은 논산에서 공주로 넘어가는 길목에 있는 고개인 우금치에서 벌어졌다. 일이만 명, 또는 심지어 칠팔만 명으로까지 추산하는 동학군은 이백 명의 일본군과 관군을 합쳐 불과 천오백 명에 이르는 연합군에게 처참하게 패배했다. 군사 수는 훨씬 많았지만 가진 무기라곤 기껏해야 죽창과 구식 화승총뿐이던 동학군은, 기관총과 화포로 무장한 신식 군대의 화력 앞에 가을바람에 낙엽 지듯 스러지고 말았다. 우금치 패전 이후 동학군은 패주를 거듭했다. 연합군은 소탕을 명분 삼아 전라도 각 지역 심지어 진도까지 내려가 조선인을 학살했다. 전국적으로 학살 피해자 수가 삼사십만 명에 이른다는 주장까지 있다. 이때의 조선인 학살은 1894년 오스만 튀르크의 아흐메니아인 학살과 함께 근대 최초의 제노사이드[genocide, 집단학살]로 평가되기도 한다.

앞에서 1894년의 동학농민혁명을 주로 그 중심지인 전라도에 초점을 맞추어 설명했으나 전국 각지에서 일어난 봉기를 두루 살피면 그 규모는 상상을 뛰어넘는 정도였음을 알 수 있다. 무라야마 지준은 『조선의 유사종교』[1935]에서 동학에 동조한 사람이 적게 보아도 삼백만 명은 될 것으로 추산했다. 조선 전체 인구가 이천만 명도 되지 않던 시기에 평안도와 함경도 등은 제외하고 추산한 수가 이 정도이니 소수의 양반을 제외하고는 거의 모든 피지배층 성인들이 적극적이든 소극적이든 동학의 취지에 공감했다 볼 수 있다.

"새야 새야 파랑새야/ 녹두밭에 앉지 마라/ 녹두꽃이 떨어지면/ 청포장수 울고 간다"는 노래는 오랫동안 우리 민중의 가슴속에 자리한 울분과 좌절을 대변했다. 희소식을 전하는 파랑새가 오히려 슬픔을 만들었으니, 파랑새가 녹두밭에 앉으면 녹두꽃이 떨어지고 그러면 녹두가 결실을 보지 못하여 맛난 청포묵도 만들 수 없다. 그러니 그걸 파는 사람이 영업을 못해 울 수밖에 없다. 표면적으로는 이런 내용이지만 노래 이면에 담긴 의미는 전혀 다르다. 녹두는 동학농민혁명을 이끈 선봉장 전봉준의 별칭이다. 키가 작아 어려서 녹두라는 별명을 얻었고 후에 녹두장군으로 불렸다. 녹두꽃이 떨어진다는 것은 전봉준이 죽었다는 뜻이니 갑오년 여름 녹두꽃이 떨어질까봐 조마조마 지켜봤던 조선 민중의 마음을 담은 노래다. 결국 녹두꽃은 떨어졌고 민중은 좌절했다. 동학농민혁명은 성공을 거두지 못했으나 저항의 기억은 조선 민중의 가슴속에 깊이 남았다.

동학의 오늘과 내일

오늘날 동학의 교세는 극히 미미하다. 후대 동학 교파의 주류라 할 천도교조차도 교인 수가 만여 명 정도에 불과하다. 서울 종로의 수운회관은 천도교의 본부임에도 다른 상업시설이 더 넓게 점유하고 있다. 종교로서 겨우 명맥을 유지한다고 해도 과언이 아니다. 동학농민혁명 이후 동학은 교세가 위축됐을 뿐 아니라 정체성에도 심대한 타격을 입었다. 일본에 패배한 후 3대 교주 손병희는 무엇보다 근대 문명의 힘이 필요하다고 여겼다. 그리하여 직접 일본으로 유학까지 갔다. 그러나 일본이 침략 야욕을 노골적으로 드러내자 다시 친일과 거리를 두었다. 이 과정에서 일진회 一進會를 이끌며 친일의 길로 들어선 이용구 등은 따로 시천교를 창설했다. 동학이 항일과 친일의 길로 갈린 것이다.

공주 우금치 마루에는 '동학혁명군위령탑'이 있다. 이 탑은 1973년 대통령 박정희의 지원으로 세워졌으며 전면에는 탑비문이, 후면에는 당시 천도교 교령인 최덕신의 '감사문'이 붙어 있다. 그런데 탑비문과 감사문에 새겨진 박정희와 최덕신의 이름 등은 현재 훼손되어 있다. 비문 훼손 사건은 1985년에 일어났다고 한다. 독재와 민간인 학살의 죄상이 있는 자들이 어찌 감히 동학을 입에 올릴 수 있느냐고 말한 듯하다. 박정희는 친일 전력이 있는데다 민중을 억압한 독재자였고, 최덕신은 6·25전쟁 때 거창, 산청, 함양에서 양민을 학살한 부대의 사단장이었으니 말이다.

정부에 박해를 받고 일본군에 쫓겨 학살을 당할 때 동학은 교리에 충실했고 힘없고 가난한 백성들과 함께했다. 그러나 일제강점기부터 비교적 자유롭게 신앙을 허용하자 힘이 생긴 지도부가 분열했다. 동학은 외부의 억압 때문이 아니라 사람을 하늘처럼 섬기라는 자기 교리를 부정하는 과정을 거치면서 위축되었다. 서로 자신의 주장이 옳다고 내세우고 자기가 교주가 되려고 나섰으며 교주의 의견을 교단의 법 위에 두려고 했다. 이렇게 해서 민간인 학살자가 교령 곧 교주가 되는 일이 벌어졌고 독재자의 조종까지 받는 지경에 이르렀다.

20세기 들어 동학의 정신은 오염되고 훼손되었다. 남한에서 박정희가 그랬던 것처럼 북한에서는 김일성이 동학을 권력 아래에 두려고 했다. 천도교 교령 최덕신은 1986년 월북했고 북한에서 천도교 위원장 등을 맡으며 극진한 대접을 받았다.

그러나 진보적 혁신 사상으로서 동학은 여전히 되살려 연구하고 공부할 가치가 있다. 인간, 나아가 온 생명을 존중하는 사상으로서, 한반도는 물론 인류의 미래를 모색할 때, 동학은 중요한 출발점이 될 수 있을 것이다.

다른 나라:

세계의 대학, 로마

여행은 오래전부터 교육의 한 방편으로 여겨졌다. 일찍이 신라 화랑의 중요한 수련 가운데도 산수 유람이 있었다. 화랑의 자취는 동해안을 따라 특히 금강산 주변에 많이 남아 있다. 유럽에서는 17세기 이후, 특히 18, 19세기에 그랜드 투어라고 해서 여행을 통해 상류층 귀족 자제를 교육시키고자 했다. 애덤 스미스는 그의 기념비적인 저서 『국부론』[1776]에서 "영국에서는 학교를 졸업한 젊은이들을 대학에 보내지 않고 바로 외국 여행을 하도록 하는 것이 관행이 되고 있다. 우리 젊은이들은 대체로 여행을 통해 큰 성장을 하고 집으로 돌아온다고 한다"고 했다. 애덤 스미스는 영국 대학이 제대로 된 교육 서비스를 제공하지 못해 많은 젊은이들이 타락의 길에 이르기도 하는 3~4년의 장기 여행에 의지한다고 보았다. 그랜드 투어의 최종 목적지는 로마였다. 아테네가 이슬람 국가인 오스만 튀르크의 지배를 받아 갈 수 없는 상황에서, 찬란한 유럽의 고대 문명을 볼 수 있는 종착지로 로마가 선택될 수밖에 없었다.

괴테의 유명한 이탈리아 여행도 크게 보면 그랜드 투어의 일환이었다. 그는 저명한 미술사가인 빙켈만이 로마를 세계의 대학이라고 부른 데 깊이 공감했다. 삼십대 후반의 장년에 1년 반 남짓 이탈리아를 여행하면서 그가 최종 목적지로 삼은 곳 역시 로마였다. 가장 높은 수준의 교육기관이자 배움의 마지막 단계에서 찾는 곳이 대학이니, 괴테가 공감한 빙켈만의 말은 인생의 참된 의미를 찾는 자라면 마지막에는 꼭 로마에 와야 한다는 뜻이다. 괴테는 로마 여행을 통해 인생의 가장 중요한 깨달음을 얻고자 했고 실제로 상당한 소득을 거두었다.

나는 '로마 대학'을 두 번 다녔다. 삼십대 초에 처음 가고 오십대 초에 다시 갔다. 그 사이에는 20여 년의 간격이 있다. 처음에는 대학에 입학할 준비가 전혀 되어 있지 않았다. 로마에 대한 공부가 거의 없었다. 수백 년 된 건물에 맥도날드가 들어와 있고, 천 년, 이천 년이 넘는 웅장한 유적이 도심 곳곳에 남아 있는 모습이 인상적이었을 뿐이다. 콜로세움과 포룸로마눔을 보며 감탄했지만 그뿐이었다. 어쩌면 그때는 그걸로 충분했는지 모른다.

두번째 입학 때는 사정이 좀 달랐다. 학회 참가차 갔는데 발표문을 준비하는 틈틈이 로마 공부를 했다. 괴테의 『이탈리아 여행』에서 시작해 각종 로마 개설서를 보다가 점점 관심 폭이 넓어져 위로는 『그리스 비극』으로 올라가고 아래로는 단테의 『신곡』과 보카치오의 『데카메론』까지 내려가면서 키케로의 철학과 로마법까지 공부했다. 20여 년 사이에 좋은 책과 잘 만든 동영상 등 훌륭한 안내 자료가 풍성하게 나와 있어 즐겁게 공부했다. 물론 관련 영화도 챙겨보았다.

랑케는 "모든 고대사는 로마로 흘러들어갔고 모든 근대사는 로마로부터 흘러나왔다"고 했다. 또 법학자 예링은 "로마는 첫째 무력으로, 둘째 기독교로, 셋째 로마법으로 세계를 지배했다"는 경구를 남겼다. 공부를 하면 할수록 이들의 말을 실감했다. 키케로는 그리스의 관념 철학을 이어

받아 로마의 실용 정신에 합치시킨 정치가이자 학자여서 관심이 갔다. 로마의 박해만 받은 줄 알았던 기독교가 실은 로마제국 덕분에 세계 종교가 되었음을 배웠다. 그러면서 현대 세계를 실질적으로 지배하는 로마법에도 관심이 생겼다.

각 분야를 대표하는 책만 봐도 로마제국은 그 의식과 사상 수준이 현대사회에 뒤진다고 섣불리 말할 수 없다. 때로는 현대 한국이 이천 년 전 로마보다 못하지 않나 하는 자괴감이 들 정도로 정의감, 공동체 의식, 법의식 등 로마를 공부해야 할 이유는 충분했다. "불의에는 두 종류가 있다. 하나는 불의를 자행하는 자들의 것이고 다른 하나는 불의를 물리치지 못하는 자들의 것이다"라는 키케로의 말『의무론』과 "법을 안다는 것은 그 단어를 기억하는 것이 아니라 법의 효력과 권한을 기억하는 것이다"라는 유스티아누스 황제의 법언『학설휘찬』만으로도 로마 대학의 높은 수준을 짐작할 수 있다.

로마제국이 어떤 곳인지 어떻게 돌아갔는지 어느 정도 알게 되자 콜로세움과 포룸로마눔이 새롭게 보였다. 현대 초대형 경기장에 전혀 뒤지지 않는 웅장한 콜로세움 객석 상단부에 올라서서 하단의 무대를 바라보니 이천 년 전 로

마인의 호령과 함성이 들리는 듯 숨이 막혔다. 이 자리에서 나는 힘겹게 21세기를 살아가는 사람이 아니라 이천 년 역사를 등에 지고 미래를 향해 가는 사람이 되었다.

니체는 『인간적인 너무나 인간적인』에서 여행자를 다섯 등급으로 나누었다. 여행하면서 역으로 관찰당하는 사람, 그냥 관찰하는 사람, 관찰하여 체험하는 사람, 체험한 것을 오래 지니고 있는 사람, 체험한 것을 자기 삶에 활용하는 사람이다. 여행을 통해 각성할 뿐만 아니라 그로 인해 자기 삶을 전환시키는 사람을 최고 수준의 여행자로 보았다.

나는 작년 한 해 베를린에서 안식년을 보내면서 큰 깨달음을 얻었다. 민주주의의 고대 아테네와 공화정의 고대 로마가 인간을 어떻게 보았으며 그것이 서양 역사를 어떻게 바꾸어갔는지 새롭게 알게 되었다. 집으로 돌아와서 한국 민주주의의 문제를 반성하는 책의 초고를 완성했다. 여행을 통해 나는 크게 성장했다. 여행이 없었으면 깨달음도 없었으리니 이로써 여행의 위대함을 다시 절감했다.

안동 답답이들의 고을

한국에서 가장 한국다운 곳이 어디냐고 질문했을 때 많은 사람이 안동을 으뜸으로 꼽을 것이다. 한국 어디가 한국답지 않으랴마는 전근대의 전통적 모습을 가장 잘 간직한 지역 하면 안동이 먼저 떠오른다. 그래서인지 1999년 영국의 엘리자베스 2세 여왕이 한국을 찾았을 때 다른 곳을 제치고 이곳을 방문했으며, 이후 미국 부시 대통령 부자가 연이어 찾는 등 귀빈들의 발길이 이어졌다.

안동은 낙동강이 굽이굽이 이리 꺾이고 저리 휘어져 흘러가는 곳곳에 오래된 한옥이 옹기종기 들어앉은 아름다운 지역이다. 농암종택, 도산서원, 안동군자마을, 지례예술촌,

묵계종택, 귀봉종택, 월영교에다 하회마을까지 모두 물을 낀 그윽한 풍광을 뽐낸다. 그리고 그런 자연을 닮은 점잖은 사람들이 자기 동네와 전통을 사랑하며 지켜왔다.

한국을 연구하는 외국인 학자들이 가장 먼저 방문하는 곳도 안동이다. 런던대학의 도이힐러 교수는『조상의 눈 아래에서』2015에서, 한반도 남부에서 사회·문화적 수준이 높은 핵심 지역으로 안동과 남원을 꼽으며 전근대 사회문화 변동 연구의 주대상으로 삼았다. 지금이야 안동이나 남원이 모두 변두리 소도시로 퇴락했지만 전근대 농경사회에서는 당당한 지역 중심지였다.

서울에서 멀리 떨어진 곳임에도 과거 안동은 이념과 사상, 그리고 정치적 영향력 면에서 결코 무시할 수 없는 지위였다. 조선의 지배이념인 유학의 으뜸 학자 퇴계 이황을 배출한 곳이니 충분히 그런 자부심을 가질 수 있었다. 또 한말 의병운동이 안동에서 시작됐는데 이는 이육사로 대표되는 독립운동으로 이어졌다. 지역 단위로는 압도적으로 많은 독립유공자를 배출해 독립운동의 성지가 되었다. 그런데 이런 공적만 따라가다보면 아쉬움이 남는다. 양반 마을이라고 양반밖에 없을까. 양반 남성이 아닌 사람들에게

안동은 어떤 곳이었을까? 이런 물음을 안고 안동으로 떠나
본다.

가기 전에 한 가지 밝힐 게 있다. 이 글에서 안동을 얘기
할 때 간혹 지금의 안동 경계를 벗어날 수 있다. 안동시는
현재도 면적으로 따지면 전국에서 손꼽힐 정도로 넓지만,
조선시대 안동부 관할 구역에는 영주, 예천, 봉화, 의성, 영
덕, 청송 등이 포함돼 있었다. 문화적 동질성으로 묶으면
지금 경계보다 훨씬 넓은 범위를 범 안동 지역으로 볼 수
있다. 다른 지역 사람이 보기에는 자기 지역이 안동에 포함
된다는 말이 부당하게 느껴질 수도 있다. 차라리 안동을 포
함해 경상도 북부 지역을 하나의 문화권으로 설정하여 여
행한다고 생각해도 좋다.

하회마을, 병산서원, 영주 부석사

어떤 여행이든 짧은 코스가 있고 긴 코스가 있다. 한 도
시에 몇 주 혹은 며칠을 머물 수도 있고, 한나절이나 반나
절을 구경할 수도 있다. 오스트리아 잘츠부르크에서 20분

짜리 구도심 자전거 인력거 투어를 알차게 이용한 일이 있다. 형편에 따라 다르지만 코스가 짧을수록 유명한 장소의 널리 알려진 지점만 찍고 오게 되니 그때 좋은 안내자를 만나면 효율이 몇 배 높아진다. 안동 여행에서 그런 안내자를 만났다. 안동대학교 교수셨던 주승택 선생이다.

20년 전쯤 베이징대학에서 한국사를 가르쳤던 원로 중국인 역사학자 양통방 교수 일행을 모시고 안동에 왔을 때 주선생이 안내를 맡았다. 오전에 하회마을과 병산서원을 구경하고 점심으로 안동시장에서 한우숯불구이를 먹은 다음 오후에 영주 부석사를 둘러보고 헤어진 하루짜리 일정이었다. 안동에 오면 가장 많이 방문하는 코스로, 부석사를 빼고 봉정사를 넣으면 1999년 엘리자베스 2세 영국 여왕의 방문 일정과 겹친다. 사실 전에도 와본 곳들이지만 명안내자와 방문하니 전혀 다른 장소로 느껴졌다. 주선생은 마을의 특징, 건물 배치 등을 유교와 불교의 사상과 교리로 설명했다. 듣고 보니 지난 방문이 모두 헛된 것이었구나 할 정도로 안동이 달라 보였다. 세세한 내용 하나하나까지 모두 기억하지는 못하지만 영주 부석사에 대한 설명은 얼마간 남아 있다.

주선생은 부석사 일주문을 통과해 올라가는 계단 하나하나가 깨달음의 극락정토로 가는 길이라고 말했다. 창건자 의상 대사의 화엄 사상과 정토 사상이 길의 설계부터 반영되어 있다고 했다. 범종각까지는 일직선으로 올라가게 되어 있지만, 범종각에서 안양루로 가는 길은 한 발 오른쪽으로 옮겨서 오던 길과 나란히 가게 만들었고, 안양루 앞에서 한 번 왼쪽으로 꺾인다. 살짝 비껴가거나 꺾여 가는 것은 모두 깨달음으로 가는 과정에서 꼭 필요한 방향과 발상의 전환을 나타낸다. 종전과 같은 방식으로는 깨달음에 이르지 못한다. 반드시 전환이 필요하다. 부석사 설계의 사상적 토대는 정토 신앙인데, 이에 따르면 중생이 진리에 이르는 길은 몇 단계 과정을 거친다. 일주문에서 본전에 이르는 길은 이런 깨달음의 과정을 설계에 반영한 결과다. 지금은 이와 다른 해석을 하는 분이 없지 않지만, 부석사의 설계 원리가 어떤 것이든 이런 해설을 들으며 나는 연구자로서 내 일생에 대해 염려하며 반성했다. 현재에 안주하며 관성에 따라 살고 있지는 않았는가, 발상의 전환을 위해 어떤 노력을 했나, 과연 제대로 된 깨달음의 길을 걷고 있나.

깨달음의 오르막길을 올라 안양루 아래 계단을 지나면

본전인 무량수전 앞마당에 이른다. 안양루의 안양은 극락의 다른 이름이니 안양루를 거쳐 올라간 곳은 곧 극락이다. 이런 이유로 무량수전 앞마당에는 다른 사찰과 달리 탑은 보이지 않고 석등만 하나 세워져 있다. 깨달음의 극락정토에는 더이상 인간 세상의 소원이 필요 없으니 소원을 비는 탑 따위가 필요치 않다. 그저 진리의 빛을 밝히는 석등 하나면 충분하다. 그렇게 본전 앞마당에 이르러 산 아래 탁 트인 풍경을 보니 이것이 바로 깨달음인가 싶었다.

안동의 자부심

안동 제비원 석불을 지날 때 이곳이 민요로 불린 「성주풀이」에서 성주신의 본향으로 소개된 곳이라고 주선생이 알려주었다. 성주신은 집터의 신이요, 집의 신이니, 그 신의 본향이 안동이라면 안동은 세계의 중심이 된다. 약간 과장된 설명이 아닌가 싶었지만 안동을 사랑하는 마음이 담뿍 담긴 안내는 듣는 사람의 마음을 움직였다. 함경도 출신인 주선생은 안동 밖에서 '굴러온' 외지인이지만 누구보다 안동을 사랑하는 안동인이었다. 눈길이나 목소리 하나만으로도 그 사랑을 금방 느낄 수 있었다. 명안내자는 진정 그 지역을 사랑하는 사람이어야 하는구나 싶었다.

병산서원은 당시 비포장도로인데다 길이 좁아서 찾아가기 좋지 않았지만 주선생은 일정이 빠듯해도 이곳만큼은 꼭 봐야 한다면서 우리를 데리고 갔다. 과연 서원 안 만대루 기둥 사이를 통해 본 맞은편에 병풍처럼 둘러친 병산과 그 아래를 유유히 흐르는 낙동강 풍경이 일품이었다. 유교 사상에 입각해 서원의 공간 구조를 설명하셨지만 그것은 귓등으로 스쳐갔다. 주선생은 여기서 안동의 충절을 소개했다. 안동에서 일제강점기 독립지사가 가장 많이 배출됐다고 하면서, 보수적인 분위기의 안동에서 진보적 사회주의 운동가가 많이 나온 것도 특이한 현상이라고 했다. 이 지역의 독립운동사를 오래 연구한 김희곤 교수에 의하면 일제침략기 전국에서 제일 먼저 의병을 일으킨 곳도, 일제 점령 초기 가장 많은 순국자를 배출한 곳도 안동이라고 한다. 전국의 순국자가 대략 90명인데 그중 안동 출신이 열 명이다. 또 안동 출신 독립유공자 수가 무려 350명에 이르는데 시군 단위로는 전국 최대치라고 한다. 충절에 대한 설

명을 들으면서 왜 주선생이 안동에 빠졌는지 약간은 이해
가 되었다.

양반 마을의 이면

안동에 가면 모두들 양반, 양반 하지만 양반 마을에 양
반만 사는 건 아니다. 내 고향인 경상남도 함양 수동에서도
어지간히 양반을 내세웠다. 어릴 때 할아버지로부터 "너
는 일두 자손이다" "일두 어른은 문묘에 배향된 열여덟 현
인 가운데 한 분이시고, 일두 어른을 모시는 남계서원은 한
국에서 두번째로 세워진 서원이다" 등등의 말을 귀에 못이
박히도록 들었다. 어릴 때는 이렇게 집안의 훌륭한 전통에
대해서만 들었는데, 대학에 가자마자 전혀 다른 사실을 접
했다. 최재석 교수의 「동족집단의 조직과 기능」[1966]이라는
논문을 읽고 충격을 받았다. 서울에서 멀리 떨어진 동족 마
을 중 저명한 인물을 배출했고 또 문중 재산이 많은 곳 하
나를 택해 현지 조사를 한 논문이었는데 그 대상이 우리 집
안이었다. 이 연구에는 그전까지 집안에서 듣던 말과 전혀

다른 내용이 담겨 있었다. 집안 사람들은 우리 동족 마을을 한눈에 내려다볼 수 있는 앞산에 우리 성씨가 아닌 다른 성씨가 올라가지 못하게 막았고, 우리 성씨들이 힘을 모아 판 우물을 다른 성씨들이 못 쓰게도 했다고 한다. 우리 집안의 배타성은 다른 성씨에게만 해당되지 않았고 집안 내에서도 재산이 넉넉한 종가 주변과 지파 사이에 차별이 있었다고 했다. 양반 마을을 보려면 주류의 삶과 함께 주변 비주류의 삶도 읽어야 함을 깨달았다.

권정생과 한티재

양반 동네 안동에도 당연히 비주류 하층민이 있었다. 권정생 선생의 장편소설 『한티재 하늘』은 그들의 역사와 삶을 생생히 그려냈다. 한티재 삼밭골은 안동 읍내 남쪽 고개 너머에 자리한 양반이라고는 전혀 없는 동네다. "사람은 무엇으로 사는가고 물으면 조선 백성들은 거지반 '악으로 산다'고 대답할 것이다"라고 말하면서, 이 마을의 착한 백성들이 악으로 살아간 역사를 기록했다. 지름길로도 하회마을까지는 50리가 더 떨어져 있지만 마을의 땅 주인은 거의 외지인이었고 특히 하회마을 류씨들이 많았다. 양반에게 착취와 수탈을 당하면서도 국란 때는 양반과 구국의 길에 함께 나섰다. 을미년[1895] 양반이 의병을 일으켰을 때 그들을 따라나섰으나, 양반은 "저 살 궁리로 한번 일어났다가 움츠리고 들어"가버렸고, 남은 백성들은 돌아갈 곳을 찾지 못해 남아서 활빈당이 되고 또 화적패가 되어 관군에 쫓기며 죽어갔다. 늘 생색을 내는 편은 양반이요 피해를 겪는 쪽은 하층이었다.

권정생은 질병과 가난에 시달리다가 삼밭골 부근 동네 교회로 들어와 종지기로 생을 마감했다. 허물어질 것 같은 초라한 단칸 슬레이트집에서 수십 년을 살다 갔다. 저명 작가로 충분히 여유로운 삶을 즐길 수 있었건만 가난한 삶을 버리지 않았다. 미국 작가 헨리 소로는 보스턴 근교의 맑고 깨끗한 월든 호수 곁에 작은 오두막을 짓고 산 것으로 유명한데, 정작 그의 오두막 인생은 2년에 불과했다. 권정생은 소로처럼 시민 불복종 운동으로 체제에 적극적으로 저항하지는 않았지만 '강아지똥'처럼 버림받고 '몽실언니'처럼 고단한 이웃과 함께 청빈과 평화의 삶을 살다 갔다. 그의 거룩한 뜻은 지금도 폐교를 고쳐 만든 기념관과 그가 살던 집에 남아 있다.

하회별신굿탈놀이와 화전놀이

안동 양반에 대한 풍자와 비판의 흔적은 대표적인 양반 마을 하회마을에 잘 남아 있다. 하회별신굿탈놀이다. 하회 마을 입구에는 하회세계탈박물관이 있고 마을 안쪽에는 하회별신굿탈놀이 전수교육관이 있다. 탈놀이는 원래 마을 제사 또는 축제라고 할 별신굿의 일부였다. 마을 주류인 류씨 일족이 아닌 마을의 하층을 이루는 각성바지들이 마을의 안녕과 풍요를 비는 제사를 올리고 제사에 이어 탈놀이를 한 것이다. 양반 동네에서 양반에 억눌린 사람들이 주축이 되었으니 탈놀이에는 양반에 대한 풍자와 비판이 가득하다. 양반들은 그 표현이 마뜩지 않았을 것이나 2~3년에 한 번 벌어지는 자유와 일탈의 놀이판을 중지시키지 못했다.

양반 남성 사회에 억눌린 다른 집단으로 여성을 뺄 수 없다. 하층민이 탈놀이를 통해 잠시나마 억압에서 벗어나고

자 했다면 여성에게는 화전놀이가 있었다. 매년 봄 진달래, 개나리가 필 때 여성들은 술과 안주를 싸들고 산으로 계곡으로 가서 꽃잎을 얹은 부침개를 지져 먹으며 얘기하고 노래하고 춤을 추며 하루를 보냈다. 그들만의 축제를 즐긴 것이다. 여기서 짓고 낭송한 가사가 화전가인데, 가장 널리 알려진 작품이 「덴동어미화전가」다. 덴동어미는 순흥 이방의 딸로 태어나 결혼 후 거듭 재액을 만났다. 첫 남편은 그네를 타다가 죽고, 둘째 남편은 괴질로, 셋째 남편은 산사태로, 넷째 남편은 엿장수로 안동 수동별신굿에 쓸 엿을 만들다가 화재로 죽었다. 이 화재 때 아들이 화상을 입어 '덴동이'가 되는 바람에 자연히 그는 덴동어미로 불렸다. 덴동어미가 젊은 과부에게 자기 인생사를 들려주며 개가를 만류한 것이 작품의 주내용이다. 영주 소수서원 건너편 비봉산에서 열린 화전놀이에서 불린 작품이다.

다른 어떤 지역보다 화전가를 비롯한 내방가사가 많이 창작되고 전승된 곳도 안동 지역이다. 주로 양반집 여성이 안방에서 향유했다고 하여 내방가사라 이름 붙였는데 여기에는 여성들의 작품도 있지만 남성 작품도 적지 않다. 그중 흥미로운 작품이 김진형의 「북천가」다. 김진형은 안동의 손꼽는 명가인 의성 김씨 학봉 김성일의 후예다. 지금도 학봉종가와 김진형이 살았던 겸와재는 담장을 맞대고 있다. 김진형은 조정의 고관으로 있다가 함경도 명천으로 유배를 갔는데 거기서 군산월이라는 어린 기생을 만나 함께 살면서 유배에서 풀려나면 자기 집으로 데려가겠다고 약속했다. 김진형은 한두 달 후 해배되어 서울로 돌아가며 군산월을 대동하는데, 유배객이 기생을 데리고 집으로 왔다고 지탄받을까 두려웠는지 도중에 군산월을 돌려보냈다. 「북천가」에서는 제주 목사였던 장 대장이 귀로에 수청 들었던 기생이 머리에 떠오르자 배를 돌려 돌아가 기생을 칼로 벴다는 옛일을 말하면서, 자신은 문신이기에 군산월과의 정을 말로 단호히 끊었다며 엄정함을 자랑했다. 놀라운 사실은 이렇게 철저히 여성을 능멸한 사실을 기록한 작품을 안동 지역 여성들이 널리 읽었다는 것이다. 아마도 안동의 양반 여성들은 첩이 된 하층 여성인 군산월의 처지에는 거의 공감하지 않았던 듯하다. 다행히도 군산월이 지었는지 아니면 군산월의 마음을 빌려 누군가가 지었는지 모를 작품인 「군산월애원가」에는 기생이 느낀 배신감이 생생히 그려져 있다. 양반에게 하층 민중은 이렇게 수탈당하고 버려진 존재였다.

서원의 명암

　도산서원, 병산서원 등의 서원은 안동의 양반문화를 대표한다. 그만큼 양반문화의 명암을 극명히 보여준다. 조선 전기에 지역사회 교육을 진흥하겠다는 좋은 뜻으로 만들어진 서원은 후기로 갈수록 병폐가 되었다. 그런 서원이 출발한 곳도 안동이요 극성한 곳도 안동이다. 서원은 영주의 백운동서원에서 출발했는데, 퇴계 이황의 상소로 이 서원이 국가 공인이라는 의미를 지닌 사액을 받으면서 소수서원으로 이름을 바꾸었다. 이후 안동에 역동서원, 도산서원, 여강서원 등이 건립되었다. 그런데 퇴계가 안동을 넘어 조선을 대표하는 유학자로 인정받으면서, 퇴계의 학통이 어디로 이어지는지를 두고 논란이 벌어졌다. 창립하던 때의 뜻과 다르게 점차 서원은 교육보다는 제사에 더 큰 비중을 두었다. 그러면서 서원의 주된 제사 대상을 누구로 할지, 또 그와 함께 제사 받을 사람을 누구로 할지 등의 문제를 놓고 논란이 벌어졌다.

1620년 여강서원을 건립하면서 퇴계를 주향자로 삼고 퇴계의 제자인 학봉 김성일과 서애 류성룡을 배향하기로 했는데, 유림들은 둘 중 누구 위패를 퇴계 왼쪽에 둘지로 다투었다. 사당에서 위패를 놓을 때 소목昭穆의 법식에 따라 위차가 높은 사람을 왼쪽에 두었던 것이다. 김성일 후손인 의성 김씨를 중심으로 한 학봉파에서는 김성일이 류성룡보다 나이가 네 살이 많으니 장유유서에 따라 그를 왼쪽에 배향해야 한다고 주장했고, 류성룡 후손인 풍산 류씨를 중심으로 한 서애파에서는 영의정이었던 류성룡이 관찰사였던 김성일보다 벼슬이 한층 높았으니 벼슬 고하에 따라 류성룡을 왼쪽에 두어야 한다고 주장했다. 이 논란은 지역 명망가인 정경세가 중재해 류성룡을 상석에 두는 것으로 일단락되었지만, 서원과 제사의 질서에 약간이라도 틈이 생기면 이 다툼은 재연되었고 최근까지 이어져왔다.

여강서원은 뒤에 사액을 받아 호계서원으로 이름을 바꾸었는데, 호계서원을 근거지로 삼는 학봉파를 호파라 부르고 류성룡을 모신 병산서원을 근거로 삼는 서애파를 병파라 했다. 그리고 둘의 다툼을 호파와 병파 간의 시비 다툼

즉 병호시비라 불렀다. 위패의 위치라는 어찌 보면 사소한 문제를 두고 수백 년 싸운 것은 그만큼 그것이 지역사회에서 실질적으로 중요했기 때문이다. 나중에 류성룡은 병산서원의 주향자가 되어 따로 제사를 받았음에도 불구하고, 병파는 호계서원에서 류성룡의 위패 위치가 김성일 다음으로 밀리지 않도록 다투었다. 학통을 대표하는 지역의 핵심 서원에서 위패의 위치가 지역 내 해당 문중 또는 학파의 지위를 나타낸다고 여겼기 때문이다. 이들의 다툼은 두 파의 다툼으로 그치지 않았다. 거기에 미치지 못하고 끼지 못하는 수많은 사람을 소외시켰다.

재일학자 윤학준 선생은 한국의 양반문화에 대한 책을 일본에서 간행했다. 이를 한국어로 번역한 것이 『나의 양반문화 탐방기』[1995]다. 책에서 다루는 양반문화는 작가의 고향인 안동의 것이다. 이후 작가는 이 책의 수정증보판인 『양반 동네 소동기』[2000]를 출간했는데, 병호시비 등 양반문화의 이면을 드러낸 이전 판의 내용 때문에 고초를 겪었노라고 고백했다. 윤선생은 서원에 대한 이 지역 사람의 집착을 현대판 서원인 백산서원 건립을 예로 들어 설명했다. 서원을 가져야만 어엿한 양반으로 행세할 수 있다고 생각한 어느 부자가 거금을 투척해 자기 고향 영주에 성대한 서원을 지었으니 그것이 백산서원이다.

1973년 건립을 시작해 1989년 완공한 이 서원은 건립자의 조부를 제사지낸다. 건립자는 주향자를 일본의 침략에 항거해서 싸운 의병이라고 소개하지만, 의병 투쟁에 조예가 깊은 이 지역 사람은 모르는 일이라고 했다. 또 건립자는 주향자의 행장과 문집을 준비중이라면서 백 년 후가 되면 여기가 어느 서원 못지않은 버젓한 곳이 될 것이라 예견했다고 한다. 실제로 이미 백산서원은 지역의 문화유산으로 자리를 잡았다. 다만 그간 무슨 일이 있었는지 내가 방문했을 때는 "개인 집에 무슨 일로 방문했냐"며 관리인이 날선 반응을 보였다.

이 지역에서 서원의 의미를 보여주는 다른 사건으로 19세기 말 도산서원에서 일어난 이 지역 서자들의 작은 반란인 '서류사변'을 들 수 있다. 조선시대 서자들은 이등 백성이었다. 혈연에 따른 귀천의 차별이 당연시된 신분사회에서 서자들은 특이한 존재였다. 부모 중 한쪽이 귀족이면서도 하천인 취급을 당했다. 당연히 양반의 전유물인 서원에도 발을 들여놓지 못했는데 시대가 바뀌면서 약간의 틈이 생겼다. 사태는 경주에서부터 시작되었다. 경주 안강에 있는 장산서원은 전국에서 거의 유일하게 서자를 제사하는 곳이다. 1884년 경주의 진사 이능모가 서자들도 이 지역 대표 서원인 옥산서원의 원임을 맡을 수 있게 해달라고 조정에 상소를 올려 허락을 받았다. 이 사실을 들은 안동의 서자들이 퇴계 이황을 주향자로 모신 안동의 대표 서원 도산서원에 같은 요구를 했다. 도산서원에서는 퇴계가 일찍이 서원에 서자를 들이지 못하게 했다며 조정의 방침에도 불구하고 허락할 수 없다고 거절했다. 이로부터 치열한 싸움이 벌어졌는데 서자들이 횃불을 켜고 몽둥이를 들고 서원에 침범하는 사태에까지 이르렀다. 이처럼 서원은 지역의 전통과 문화를 높이는 자부심의 상징이면서 동시에 여기에 들지 못한 사람들에게는 차별과 배타를 드러내는 권력기관이었다.

'안동 답답'이라는 말

어떤 지역을 여행하고 나면 그곳의 특징을 생각하게 된

다. 어떤 지역은 특징이 모호한 반면 어떤 지역은 비교적 색깔이 뚜렷하다. 안동은 후자에 속한다. 안동 사람들은 자기 지역에 대해 자의식이 강한 편이다. "나는 안동 사람이다"라는 의식이 강하다. 전통을 잘 지켜온 것을 보면 대체로 보수적인 듯하지만 역으로 보수에 대한 반동도 격하고 강렬하다. 어떤 쪽이든 고집이 느껴진다.

'안동 답답'이라는 말이 있다. 안동 사람처럼 답답하다는 말이다. 『승정원일기』를 보면 영조는 신하와의 문답에서 몇 차례나 이 말을 썼다. 1742년 9월 25일 기사 하나를 보자.

이중경이 말했다. "안동은 좋은 풍속이 있사오니 평민이나 양반이나 모두 풍년, 흉년에 따라 양을 제한하여 먹기에 통상 저축한 것이 많습니다." 임금이 웃으며 말했다. "세상에 안동 답답이라는 말이 있으니 근검은 칭찬할 만하나 또한 인색함에 가깝기도 하다." 송인명이 말했다. "안동의 풍속이 정말 좋으니 세금 걷는 것을 기다리지 않고 먼저 납부합니다. 기병과 보병에 대한 군포에도 그러하니, 이런 풍속은 다른 고을과 비할 바 아닙니다. 나라가 언젠가는 반드시 안동에 의지하게 될 것입니다."

여기서 영조는 '안동 답답'을 근검하고 인색한 모습으로 해석하는데, 『승정원일기』에는 이런 뜻으로 쓴 용례가 한 차례 더 나온다. 또 이와 함께 지금 일반적으로 알고 있는 의미와 같이 남의 말을 쉽게 따르지 않고 자기 것을 고집한 다는 뜻으로 쓴 부분도 있다. 이 두 가지 의미를 묶어서 해석해보면, 안동 답답은 성품이 질박하며 고집이 강하고 그러면서도 공동체와 국가를 위해 할일은 하는 사람을 가리킨다고 이해할 수 있다. 송인명은 나라가 어려움에 처하면 반드시 안동에 의지하게 될 것이라고 말했으니 조정의 안동에 대한 신뢰가 이처럼 두터웠다.

영조의 말 역시 안동 답답을 조롱이나 비판하는 의미라기보다 신뢰를 장난스레 표현한 것으로 읽힌다. 경남이 고향인 나는 어릴 때 경북 양반들은 직접 쟁기질하며 농사를 짓기에 가난하지 않고 떳떳한데, 우리는 "양반입네" 하며 배를 곯으면서도 농사를 짓지 않아 비루해졌다는 말을 들었다. 아마 이삼백 년 전에도 그랬나 싶다.

이육사와 김시현

보수는 전통에 대한 자부심에 뿌리를 둔다. 자부심이 없고서야 그것을 지켜야겠다는 확고한 의지가 생길 수 없다. 안동이 언제부터 보수 성향이었는지, 또 그런 성향이라고 여겼는지 정확히 알 수 없지만, 자부심의 중요한 한 뿌리는 퇴계 이황이다. 일제강점기 경성제국대학에서 한국문학을 가르친 다카하시 도루는 일본의 본격적인 침략에 맞서 전국에 의병이 일어날 때 경상도 쪽으로 답사를 다녔다. 그러던 중 흉악한 폭도로 생각했던 의병장의 집을 방문하면 어김없이 그 집 서재에 『퇴계집』이 펼쳐져 있어서 놀랐고 이 일을 계기로 한국 유학을 연구했다 전한다.

안동을 대표하는 퇴계의 사상과 정신을 공간과 물질이라는 형태로 가장 분명히 보여주는 곳은 퇴계의 고향에 세워진 도산서원이다. 안동은 전국 어디보다 서원이 많은 지역이지만 그중에서도 퇴계를 모셔 제사하는 도산서원은 중핵적 지위를 갖는다. 정조 임금 때는 궁궐에서나 치르던 과거 시험을 예외적으로 이곳에서 열었고 답안지를 서울로 보내 임금이 직접 채점하기도 했다.

퇴계의 정신은「광야」「절정」「청포도」의 시인 이육사로 이어졌다. 이육사는 퇴계의 후손이다. 토계라는 시내를 사이에 두고 도산서원 건너편에 이육사문학관이 있다. 육사의 할아버지는, 집안 장로이자 안동의 대표적 유학 지도자인 향산 이만도가 한일합방 후 곡기를 끊고 24일만에 절명할 때 곁을 지켰다. 이로부터 향산의 제자들은 살아서는 독립운동의 길을 가고 길이 막힌 사람들은 김도현처럼 영덕 앞바다 동해로 걸어들어가 목숨을 끊었다. 이육사는 이런 전통을 이어 17회나 투옥될 정도로 철저히 저항했고 광복을 눈앞에 두고 베이징에서 옥사했다.

이육사의 시는 강렬하다.「절정」의 "겨울은 강철로 된 무지갠가보다"가 보여주는 지사적 이미지와,「청포도」와「광야」가 보여주는 영웅에 대한 기대에서 그런 느낌을 받는다. 굳이 드러내어 말하지 않아도 독립의 굳은 의지로 광복의 그날을 기다린다는 걸 읽을 수 있다. 그의 시는 의미를 정확히 포착하기 힘든데, 사람들을 현혹하려고 그런 것이 아니라, 시인이 자유롭게 하고 싶은 말을 모두 표현할 수 없는 시대였기에 비유와 상징을 많이 사용해서 그렇게 되었다.

안동의 독립유공자는 셀 수 없이 많다. 보통 그 자취를 경상북도독립운동기념관이나, 임시정부 초대 국무령을 지낸 이상룡 선생의 생가인 임청각 등에서 찾는다. 그러나 나는 김시현에 주목한다. 안중근, 윤봉길 의사처럼 젊은 시절 목숨을 던져 싸운 분들도 더할 수 없이 훌륭하지만 김시현처럼 평생을 치열하게 싸우다 가신 분들은 더욱 대단하다고 생각해서다. 그는 일제 치하에 네 번이나 투옥되었고 13년을 감옥에서 보냈다. 의열단을 만든 김원봉이 세운 조선혁명군사정치간부학교에 이육사를 1기생으로 입교시킨 인연도 있다. 한번은 출옥 후에 좀 쉬라는 아내 권애라^{김시현의 본부인은 김오월이며 1945년 돌아가셨다}의 만류를 뿌리치며 "내 섭생은 독립운동뿐"이라고 말하고는 만주로 떠났다.

이처럼 치열한 투사였던 김시현이 다른 분들과 달리 이름이 널리 알려지지 못한 것은 1952년 이승만 암살 미수 사건 때문이다. 이 사건은 그동안 널리 알려지지 않았는데 수년 전 이승만을 저격하려고 권총을 겨누는 사진이 미국에서 공개되면서 새삼 관심을 받았다. 암살 결행자는 62세의 노인 류시태이며, 그 배후에 69세의 국회의원 김시현이 있었다. 이 둘은 모두 의열단 일원이었는데, 이승만이 국민

방위군 사건 등에서 자기 백성을 죽음에 이르게 하고 독재 체제를 강화하는 모습을 보자 분연히 일어서서 나라의 화근을 제거하고자 했다. 김시현은 2016년 상영된 영화 〈밀정〉에서 주인공 김우진^{공유 분}의 모델이 된 인물로 관심을 받기도 했다.

김시현과 류시태는 암살 미수 사건 이후 만 8년을 감옥에서 지내다가 1960년 4·19혁명 후에야 출옥할 수 있었다. 그러나 그들을 기다린 것은 포상과 훈장이 아니라 모진 생활고였다. 김시현의 부인 권애라 역시 독립운동가로, 서대문형무소에서 유관순과 같은 감방에 있었다. 노부부 지사는 여든 살을 넘기기까지 끼니도 제대로 잇지 못했다. 조국은 광복을 맞이했지만 애국지사의 삶은 나아지지 않았다. 여전히 독재자와 친일파의 세상이었다.

애국지사의 마음은 애국지사가 알 뿐이다. 독립운동가이자 정치학자인 이종률 선생은 김시현의 형편을 듣고 행적이라도 정리해두려고 1961년 선생 부부가 사셨던 불광동 산동네의 집에 찾아가 증언을 듣고 전기를 썼다. 누구보다 걸출한 운동가이자 혁명가이지만, 김시현과 류시태 선생은 지금까지도 독립유공자로 서훈조차 되지 못하고 있다. 그

나마 김시현은 제헌의원을 지낸 유지로서 이름만이라도 전해지고 있지만, 류시태 선생에 대해서는 행적조차 제대로 정리되어 있지 않다. 그가 하회마을 풍산 류씨의 후손이라는 점 정도만이 알려졌다. 송인명의 예견처럼 국란을 당했을 때 안동은 우리에게 큰 힘이 되었지만, 우리는 아직 안동을 온전히 기억하지 못하고 있다.

고향으로 돌아가리라,

하동과 광양

흔히들 여행은 멀리 떠나야 제대로 된 것이라고 생각한다. 멀리 낯선 곳으로 가야 인상 깊은 여행이 될 듯싶다. 그러나 그자비에 드 메스트르는 결투를 벌였다가 42일간 가택 연금형을 받고 무료하여 자기 방을 여행하는 기록을 남겼다. 그의 『내 방 여행하는 법』[1794]은 베스트셀러가 되었다. 또 사실 가장 인상적이고 가슴 벅찬 여행은 귀향이다. 고대 그리스의 대표 서사시 『오디세이』 또한 오랜 전쟁을 끝낸 주인공이 고향으로 돌아가는 이야기다. 집으로 돌아가는 여행이나 집으로 돌아가 고향을 다시 둘러보는 일도 다른 어떤 여행 못지않게 의미가 크다.

자기가 태어나고 자란 고향을 돌아보는 여행에는 두 종류가 있다. 하나는 고향을 잃어버린 사람의 고향 방문이요, 다른 하나는 오래 보아온 고향을 재발견하는 여행이다. 고향을 잃어버린 사람은 두 부류로 나뉘니 자의로 고향을 떠난 사람과 고향에서 내몰린 사람이다. 어떤 때 이 둘은 잘 구별되지 않는데, 스스로는 자발적으로 떠났다고 여기지만 남 보기에는 내몰린 경우가 있고, 스스로는 쫓겨났다고 생각하지만 남들은 떠났다고 보는 경우도 있다. 어느 경우든 실향민에게 고향 여행은 각별할 수밖에 없으니 고향을 떠난 기간이 길수록 감정은 격해진다. 성공해서 돌아오든 실패해서 돌아오든 뿌듯하거나 좌절하거나, 감정은 다를지라도 감회는 다르지 않다.

고향 여행의 감격을 가장 절절히 보여준 경우로 월남 실향민의 귀향만한 것이 있을까 싶다. 광복 후나 6·25전쟁중에 남한으로 내려와 잠시 떨어져 있자고 한 것이 평생이 되었다. 당분간 또는 꽤 오래 헤어져 있으리라 생각한 사람도 있겠지만, 70년 이상 평생 왕래도 못할 것이라고는 꿈에도 생각하지 못했을 것이다. 이들의 평생소원은 고향에 가서 부모형제를 다시 만나는 일인데 이를 이루지 못하고 돌아가신 분들이 대부분이고, 선택받은 소수도 이산가족 상봉 행사에 참가해 평양이나 금강산의 제한된 공간에서 감시를 받으며 하루이틀 친지를 만나는 데 그쳤다. 그것도 이미 오랜 세월이 흘러 그리운 부모형제는 거의 만나지 못했고 대부분은 일면식도 없는 조카나 손자를 만나는 데 그쳤다. 아무리 체제가 다르다 한들 정치가 어찌 이렇게도 모질 수 있나 싶다. 인류 역사에 이런 일이 또 있을까.

특별한 예외로 현대그룹의 정주영 회장은 1989년 금강산 북쪽 동해 바닷가 통천군 아산리의 고향을 방문했고, 1998년에는 두 차례에 걸쳐 소 1,001마리를 트럭에 신고 판문점을 넘었다. 1932년 17세 때 아버지가 소를 팔아 마련한 돈 70원을 들고 가출한 소년이 소떼를 몰고 고향으로 돌아가는 세계적 이벤트를 연출했다. 정주영은 "이제 그 한 마리가 천 마리의 소가 되어 그 빚을 갚으러 꿈에 그리던 고향 산천을 찾아간다"며 감격했다. 출세하고도 고향에 알려지지 않으면 인생에 무슨 보람이 있는가. 이는 옛말에 이른 비단옷을 입고 밤길을 걷는 격이다. 정 회장은 고향은 물론 전 세계에 뻐길 수 있는 일을 벌였다. 그러나 이는 세계 유수의 기업가만 누릴 수 있는 특전이었고, 다른 오백여만 명의 실향민은 고향땅조차 밟지 못했다.

내 고향 함양

　나는 고향을 모르는 세대다. 어릴 때는 내가 태어난 곳이 고향인 줄 알았다. 진주에서 태어나 바로 대구로 이사를 갔고 다시 초등학교 입학 전에 부산으로 와서 대학 입학 전까지 부산에서 살았기에 진주를 고향이라고 말해왔고 실제로는 어릴 때 가장 오래 살았던 부산을 고향으로 여겼다. 아버지가 내 생각을 아시고는 고향은 함양이고 진주는 안태고향이라고 고쳐주셨다. 고향은 조상이 대대로 살아온 곳으로 말해야 한다고 말씀하셨다.

　우리 조상들은 함양에서 집성촌을 이루어 오륙백 년 이상을 살아왔고 나도 어릴 때는 방학마다 경상남도 함양군 수동면 우명리의 할아버지 댁을 들렀지만, 내 머리와 가슴에 고향으로서 깊은 추억을 새긴 건 아니었다. 마치 조선왕실의 이씨들이 완산인이니 완산후인이니 하며 완산, 곧 전주를 본관으로 말하지만 실제로 전주에는 한 번 가본 적도 없는 경우와 흡사하다. 그래서인지 나는 할아버지 댁에 가서 우물물만 마시면 배탈이 났다. 벌써 물부터 내가 그곳 사람이 아닌 것을 알아보았다. 고향은 그냥 할아버지 할머니와 일가친척이 사는 시골에 불과했다.

국문학, 그것도 한국고전문학을 공부하기로 작정하고 대학원에 들어와 고전 작품들을 읽고 또 새로운 자료를 찾아 도서관, 박물관, 개인 소장자를 찾아다니면서 고향이 다르게 보이기 시작했다. 자료를 찾아 시골의 종가, 서원, 사찰을 찾아가면 대개 따뜻하게 맞아주었고 밥을 먹고 가라고 붙잡거나 커피며 과일이며 과자를 내놓고 환대해주셨다. 전주의 서예가 여태명 교수께서는 나와 우리 대학원생들을 집으로 불러 평생 모은 소설 자료를 보여주셨을 뿐 아니라 상다리가 부러지게 차린 전주식 한정식을 사주시고 당신 글씨까지 써서 주셨다. 고속도로 전주 톨게이트에 걸린 현판을 쓰신 분이라, 이름 한 자를 적어도 한글 글씨가 이렇게 정감이 있을 수 있나 싶었다. 꼭 내 고향이 아니라도 한국 땅 곳곳에서 사람들의 따뜻한 마음을 느꼈다.

고향은 아버지의 젊은 시절 이야기와, 생계를 이어가느라 고생하신 할머니의 고단한 싸움이 얽혀 있는 곳이다. 함양과 맞닿은 산청에는 내 외가가 있었는데 여기도 내겐 고향이다. 어릴 때 고향에 가면 올 때는 꼭 외가를 들렀다. 사랑방에서 송별하시던 할아버지와 달리 외할아버지께서는 버스 정류장까지 나오셔서 함께 버스에 올라타 과자며 과일을 사서 넣어주고 막 출발할 때야 하차해 시외버스가 멀리 산자락을 돌아 보이지 않을 때까지 손을 흔들며 서 계셨다. 차창 뒤로 몸을 돌려 멀리 바라보면 덜컹거리는 버스 너머 경호강 푸른 물이 넘실거리고 점처럼 작아진 할아버지가 그리움을 던지고 있었다. 이 모든 것이 내 연구의 뿌리이며 자료였다.

대학원 때 고향의 일가 어른 댁에 가서 문적을 조사했다. 바깥 대문 처마 아래에 추사 김정희 선생 글씨로 전하는 '문헌고가文獻故家'라는 현판이 걸린 집이다. 문헌고가는 문헌공의 옛집이라는 뜻으로, 문헌은 내 조상인 일두 정여창 선생의 시호다. 어릴 때 현판 글씨에 대한 얘기를 여러 번 들었는데, 그 보물은 자료를 조사할 당시에 이미 사라지고 없었다. 도둑이 떼어 갔노라고 했다. 추사 선생의 아버지 김노경이 경상도 관찰사였으니 그때 우리 고향과 인연을 맺지 않았을까 짐작한다.

시골의 기와집 명가는 도둑이 먼저 알아보는 법이다. 꺼내온 책궤에 든 자료들은 이미 온전한 것이 없었다. 영남 관판의 『시경언해』나 일종의 백과사전인 『견첩록』 등은 모두 짝을 잃어버렸고, 그런 게 아니면 근대에 만들어진 『동문록』 같은 자료만 남았을 뿐이었다. 이 밖에 두루마리가 몇 개가 나왔는데 집안의 재산 다툼을 적은 「답변서」와 「금오산유산가」라는 제목이 붙은 장편 가사가 하나 있었다. 나는 금오산이라면 으레 구미의 금오산만 생각해 누가 함양에서 구미까지 가서 유람을 하고 가사를 지었나 생각하고 넘어갔다.

고향 노래 찾아가기

「금오산유산가」를 얻은 지 20년이 훌쩍 지나 대학원 강의를 준비하면서 비로소 이 작품을 읽었다. 알고 보니 작품의 금오산은 경상북도 구미가 아니라 경상남도 하동에 있는 산이었다. 어려서 고향을 떠난 작가가 칠십이 지나 돌아와서 고향 뒷산을 유람하고 지은 가사였다. 1938년 작이니, 그 시절 칠십 노인이면 사회적 위치가 요즘 아흔 나이 못지않다. 상노인인 작가가 "가자스라, 가자스라" 하며 흥에 겨워 친구들을 이끌고 금오산 구석구석을 찾아다니는 내용이 흥미로웠다. 남해 바닷가 하동 고향을 둘러본 유산가가 어떻게 내륙 깊숙한 곳의 내 고향 함양까지 들어왔는지도 궁금했다. 아직 학계에 보고된 적 없는 작품이라 제대로 연구해보자 싶었다.

작품 말미에는 조카가 고모에게 보낸다는 기록이 있어서 어머니에게 고모가 누구인지 물었다. 어머니는 그분을 잘 알고 있었다. 하동 갑부집 딸로 어릴 때 정혼을 했는데 시집올 때는 이미 남편이 죽어서 평생을 청상과부로 산 분이라고 했다. 과부로 시부모까지 모시며 어려운 시집살이를 견뎠는데 명절이면 친정에서 수레에 음식을 잔뜩 실어 보내와서 이를 동네 사람들과 나누었다고 했다. 부자 친정에서 불쌍한 처지가 된 딸을 위해 더욱 정성을 쏟지 않았을까 싶다. 그런데 동네 사람들은 음식을 받을 때면 좋아하고 부러워하면서도 질투도 심했다고 했다. 시부모를 잘 모셔서 홍살문까지 세웠지만 그분에게 해코지를 하는 일가 사람도 있었다는 것이다. 아마 조카는 고모의 사정을 짐작해 자기

아버지가 쓴 고향의 아름다움을 노래한 가사를 베껴 보내 고모의 향수를 달래려 한 듯하다.

이 작품의 작가는 정해영이다. 하동의 시골 선비라 할 수 있지만, 이남규, 이건방 등 서울의 유명한 우국지사와 교유하며 나라를 걱정한 이다. 평생 타지를 떠돈 이유는 정확히 알지 못하지만, 작가가 존경하는 형 정규영은 독립운동가로 건국훈장을 받은 분이다. 정규영은 백산상회를 통해 집안의 막대한 재산을 독립자금으로 넣기도 했고 학교를 세워 교육 사업을 벌이기도 했다. 집안과 교우 관계 그리고 문집을 보면 정해영 역시 애국심과 애향심이 높다는 걸 알 수 있다. 일제의 탄압이 극으로 치닫던 시기에 반일과 애국 정신을 고취하기 위해 고향을 노래한 기행가사를 썼던 것이다.

이 노래는 고향에 돌아와 겨울을 넘기고 이듬해 봄이 되어 동네에 온화한 기운이 가득하자, 보름날을 맞아 원근 각지에서 찾아온 친구들, 친척들과 금오산에 다녀온 일을 그린 것이다. 노인이 어릴 때 올라간 뒷산이 얼마나 그리웠는지 흥도 흥이지만 구석구석 찾아다니며 유래를 소개하고 다른 명승지와 비교해 평가한 부분도 흥미롭다. 돌을 쌓아 만든 집인 석실은 경주 석굴암과 비교해도 손색이 없는 훌륭한 솜씨라고 자랑하는데, 석굴암은 사람의 손재주가 놀랍고 장하지만 이곳 석실은 천연석을 잘 쌓아올려 천연스러우면서도 큰비에도 물 한 방울 새지 않는 정밀함을 갖췄다고 했다.

산행이 끝날 무렵 금오산의 입지를 말하면서 관련 인물을 소개하는데 특히 집안 사람들과 고향 인물들의 항일 정신을 부각시켰다. 임진왜란 때 의병으로 보낸 맏아들을 잃은 입향조가 살길을 찾아 선산이 있는 금오산 아래로 처음 왔다고 말하는가 하면 형 정규영이 곽종석 등 유림들과 파리만국평화회의에 독립청원서를 보낼 때 고향 동네의 정자인 우천정에서 편지를 썼다고도 했다. 임진왜란 때 용장 정기룡을 모신 사당인 경충당에 이르러서는 그의 용맹과 충성을 기렸다. 정기룡은 육지의 충무공 이순신으로 불렸다. 금오산 앞바다인 노량은 이순신 장군이 순국한 곳이니, 금오산이 수륙으로 항일 영웅의 숨결이 서린 곳이라 노래했다.

작품을 읽고 나니 작가와 금오산이 궁금해졌다. 늘 하는 것처럼 작가 집안의 족보를 뒤지고 문집이 있는지 살폈다.

진양 정씨 족보에서 작가 주변 정보를 대략 파악했고 정해영과 정규영의 문집을 찾아 생애를 조사했다. 작품을 꼼꼼히 챙겨 읽은 다음 우리 고향을 먼저 탐문하고 작가 집안을 탐색했다. 족보에 나온 작가의 손자 이름을 검색해 소재가 확인되는 분에게 편지를 보냈더니, 그 중형 되는 분이 연락을 해왔다. 후손을 만나 작품에 대해 궁금한 점과 집안 내력을 물으면서 집안에 다른 자료가 전래하는지 확인했다. 안타깝게도 집안에는 「금오산유산가」조차 남아 있지 않았다. 대신 작가의 막내 따님이 1975년에 이 가사를 낭송한 녹음 파일이 있었다. 율조에 맞추어 몸을 흔들며 가사를 읽어나가는 노인의 모습이 그려졌다.

금오산에 대해서는 하동군에서 발간한 읍지, 지명지 그리고 설화집 등을 찾아 읽었다. 하지만 궁금증을 풀기엔 부족했다. 불과 백 년도 되지 않은 가사인데도 이런 책들에는 미수록된 내용이 적지 않았다. 그래서 하동군의 문화유적 담당 학예사 김성채 선생에게 연락을 취해 만나기로 했다. 이분 역시 내 얘기를 듣고 작품에 관심이 생겨 내가 현지 답사를 하면 동행해 안내하겠노라고 했다. 이렇게 금오산 답사의 기본 준비가 끝났다.

하동 금오산

답사 준비는 초여름에 끝났으나 바로 길을 나서지 않았다. 내겐 여행에 대한 작은 금언이 하나 있다. 어디를 가느냐 이상으로 언제 가느냐가 중요하고 언제 가느냐 이상으로 누구랑 가느냐가 중요하다는 것이다. 내가 좋아하는 여행지로 경주 감은사지가 있는데 넘실대는 푸른 동해 바다 옆에 우뚝한, 내 보기에 한국 불탑 중 균형감과 조형미가 발군인 멋진 탑을 거기 가면 볼 수 있다. 그 멋진 풍경을 보러 꼭 해질녘에 찾아간다. 낮 시간에도 가보았으나 노을에 잠긴 감은사지만이 절정의 풍광을 드러낸다. 감은사지는 차라리 절집이 없어서 좋다. 절터로만 남아서 천년 세월이 바람에 씻긴 모습을 온몸으로 느낄 수 있으며 아무것도 없기에 그 빈 공간을 상상해 채울 수 있다.

때로는 보이지 않는 풍경이, 채워지지 않은 이야기가 더 아름답다. 이탈리아 나폴리 부근 포지타노 해변에서 본 벤치에는 타일이 한 장 붙어 있었다. 먼 바다 섬을 향해 가는 배를 담은 그림 위에 "여기 앉아 바다 보기를 좋아한, 사랑하는 글로리아를 추억하며"라고 적혀 있었다. 어떤 사연이 있었는지 자세히는 알 수 없지만 상상할 수 있기에 그곳이 더욱 사랑스러워졌다.

급할 이유가 하나도 없으니 굳이 여름에 남해에 갈 일이 아니다. 차라리 좋은 때를 기다리는 설렘까지 얻는 편이 낫다. 그래서 날을 단풍철로 잡았다. 금오산은 남해의 명승으로 이름이 높다. 산정에서 줄을 타고 내려오는 집와이어를 비롯해 탈것과 놀이 기구를 설치하여 관광객을 유인하고 있지만, 단풍철이라고 해서 설악산처럼 행락객이 붐빌 염려는 없으니 그때가 제일 좋겠다 싶었다.

날을 기다리다보니 주변에 여행 계획을 말할 일도 생기고 그러다보니 마음 맞는 일행을 얻을 수 있었다. 여행은 마음이 잘 통하는 사람과 함께라면 더욱 좋다. 너무 수다스러워도 맞지 않고 너무 조용해도 재미가 없다. 즐겁게 얘기도 나누고 때로는 풍경에 침잠해 서로의 고독도 존중해줄 줄 아는 그런 사람이 좋다. 여행지를 잘 소개해줄 수 있는 사람이라면 더할 나위가 없다.

훌륭한 안내자와 동행하면 여행은 최고가 된다. 「금오산유산가」의 작가처럼 나도 벗들을 불렀다. 우리 학교 학생과 교수뿐 아니라 평소 함께 답사를 가자고 노래를 불러온

존경하는 두 분을 초청했다. 불교미술 전문가 권중서 선생과 한문학자 김종서 선생이다. 권선생은 작은 체구로 전국의 산천을 누비며 사진을 찍는 재야의 실전형 학자이고, 김선생은 서예와 전각에 조예가 깊은, 풍류를 아는 한시 전공자다. 두 분과는 '문헌과 해석'이란 학술 모임에서 20년 이상 함께했다. 십여 년 전 내가 인솔한, 연오랑세오녀 설화와 연관된 일본 이즈모 지방 답사에 참가한 후 기회가 생기면 꼭 다시 불러달라고 부탁하셨다. 두 분을 모시니 답사가 든든해졌다. 여기에다 작가의 후손과 현지 학예사까지 참가해, 학술 답사로는 최상의 진용을 갖추었다. 기왕 멀리 남해까지 가는 김에 광양에 자리한 서울대학교 학술림에 숙소를 잡고 주변까지 둘러보자 했다.

　11월 초 서울에서 출발해 가는 길에 순천 송광사에서는 권중서 선생의 설명을 듣고, 광양의 매천 황현 선생 생가에서는 김종서 선생의 말씀을 들었다. 미국의 한국사학자인 피터슨 교수는 한동안 미국 교과서 편집자의 방한 여행을 인솔했는데 그 여정에 늘 송광사와 광양 제철소를 넣었다. 한국의 과거와 현재를 가장 멋지게 보여주는 코스로 여긴 것이다. 가는 길 버스 안에서 시조를 가르쳐주고 읊게 하면 모두들 아주 좋아했다고 한다. 송광사는 해인사, 통도사와 함께 삼보사찰로 꼽히며 훌륭한 스님을 많이 배출한 승보 사찰이다. 오래전부터 템플스테이 프로그램을 제공해왔으 니 외국인이 방문하기에 더욱 적합하다.

이튿날 아침 일찍 출발해 금오산 아래에서 김성채 선생 과 합류해 산행을 시작했다. 「금오산유산가」에 나온 차례 대로 답사하면 좋았겠지만 출발지 일부가 군사보호구역이 어서 작가가 하산한 길을 거슬러올라갈 수밖에 없었다. 작 가가 노년에 가장 좋아했다는 중방동 계곡을 올라가며 폐 사지廢寺址에서 돌절구를 발견했다. 거기 새겨진 제작 연대 는 17세기였다. 이제는 아무도 찾지 않는 절터에서 수백 년의 역사를 느꼈다. 등에 땀이 배어올 즈음에 넓은 너덜 사이에 위치한 석실을 찾았다. 작가가 경주 석굴암과 비견 했으니 규모와 수준이 상당하지 않을까 생각했으나 그렇지 못했다. 요즘으로 치면 여행광이라 할 만한 작가여서 넓은 견식을 바탕으로 공정히 판단했으리라 기대했지만, 아무 래도 고향을 사랑하는 마음에 약간 과장했던 것 아닌가 생 각할 수밖에 없었다. 석실을 지나서는 온전한 등산로가 없 었고 수풀을 헤치며 길을 만들며 가야 했다. 미륵바위에 이르자 더 나아갈 수 없어서 멀리 손짓하며 작품에 나온 곳을 확인했다. 군사보호구역이 해제되거나 출입을 허가받을 날을 기약해야 했다.

정상에 올라 내려다본 금오산과 남해 풍경은 정말 아름답다. 사방을 바라보면 북편은 첩첩한 산이요, 다른 세 면은 바다로 둘러싸여 있는데, 남쪽으로는 바다에 바둑돌을 놓은 듯 올망졸망한 섬들이 여기저기 박혀 있다. 평범한 곳이어도 그리울 텐데 이토록 아름다우니 어찌 아니 보고 싶으랴. 그러니 고향에 돌아오자마자 바로 산에 올랐을 것이다. 답사는 비교하는 작업이다. 작가가 본 것, 느낀 것을 함께 보고 느끼며 지금과 비교한다. 바위 모양도 유심히 보고 수목과 산세도 다시 살핀다. 현장에 직접 오지 않으면 작품을 온전히 알지 못하고 작품이 아니면 현장이 온전히 전해지지 않는다. 답사는 어제와 오늘의 만남이다.

광양 김 시배지

금오산 답사를 끝내고 광양으로 발길을 돌렸다. 광양에

는 내 은사의 은사이신 백영 정병욱 선생의 생가가 있다. 정병욱 선생은 내겐 할아버지 선생님이고 우리 학생들에겐 증조뻘 선생님이다. 선생의 생가는 윤동주의 유고 시집을 보관해 소개한 집으로 일반인에게 알려져 있다. 선생은 윤동주의 연희전문학교 후배로, 그와 한 하숙집에 산 인연으로 나중에 유고 시집을 세상에 알렸다. 경상도 하동과 전라도 광양이 만나는 섬진강 하구 끝 포구변에 그 생가가 있는데 원래는 술도가였다. 지금은 지역 관광 명소가 되어 자원봉사 안내원까지 상주하여 선생 집안의 내력에 대해 들을 수 있었다. 가만히 듣다가 자세히 설명해주어 고맙다고 인사하며 내 소개를 했더니 안내원이 자기보다 이 집 사정을 더 잘 알겠다며 되려 가르침을 청한다. 일부러 모르는 척한 게 아니기도 하고 나는 내 쪽에서 그분에 대해 보고 듣고 알 뿐이라 동네 분들이 아는 또다른 얘기가 있지 않을까 해서 그랬던 것이다. 잠깐 이런저런 대화를 나누고 인사를 하고 나서는데 안내원이 인근에 김 시배지는 가보셨냐고 묻는다. 금시초문인데다 김을 워낙 좋아하는지라 시간은 좀 늦었지만 가보자고 제안했다. 답사를 나서보면 종종 현지에서 처음 듣고 알게 되는 정보가 있는데 이곳이 그랬다.

이미 문 닫을 시간이 다 되었지만 이쪽 안내원이 저쪽 안내원에게 연락해주어 서둘러 가니 문을 닫지 않고 일부러 기다리고 있었다.

세계 최초의 김 양식장이 현재 포스코 광양제철소가 있는 태인도에 있었다고 한다. 시배자는 해은 김여익¹⁶⁰⁶~¹⁶⁶⁰이다. 1714년 만들어진 김여익의 묘비가 그 근거인데 비석은 이미 사라졌고 비문 내용이 족보 등에 실려 전한다. 김을 맛본 인조 임금이 만든 사람 성으로 이름을 붙여 김이라 불리게 되었다고 한다.

집으로 돌아와서 이 자료 저 자료 찬찬히 살펴보니 시배에 대해 이설이 없지 않았고 명칭도 그랬다. 김은 한자로는 보통 해의海衣라고 하는데, 김여익 이전에도 해의에 관한 기록이 드물지 않은 것으로 보아 김여익이 처음 김을 만들었다는 얘기는 양식법이나 건조 등 김 제조법을 새로 개발했다는 의미일 것이다. 근년에는 학계에 「김나라 이야기海衣國史」라는 17세기 가전체소설까지 소개되었다.

민영규 선생의 유명한 글 「강화학 최후의 광경」에는 구례의 석전 황원이 독립운동을 위해 만주로 이주한 경재 이건승에게 해의 삼백 장을 보냈다는 대목이 나온다. 황원은 황현 선생의 동생으로, 광복 직전 해에 창씨개명을 거부하며 형과 마찬가지로 절명시를 남기고 동네 저수지에 투신자살한 분이고, 이건승은 영재 이건창의 동생으로 한말의 명문장가이자 우국지사다. 두 분은 피차 한 번 만난 적도 없는데 귀한 김을 그 먼 만주까지 보냈다. 민영규 선생은 이런 것을 신교神交라 한다고 적었다. 나는 광양에 와서야 황원이 김을 보낸 이유를 알았다. 구례가 광양 인근이니, 김을 맛볼 수 없는 내륙 깊은 곳에서 독립을 위해 몸을 던진 마음 깊이 존경하는 벗에게 지역 특산을 보낸 것이다. 옛 어른의 알뜰한 정성이 새삼 가슴을 울렸다.

학술림과 풍수의 본향 옥룡사지

돌아오는 날 아침, 광양의 서울대학교 남부학술림을 구경했다. 마침 학술림에서 개설한 나무학교 수강생들의 종강 답사가 진행중이라 전문 강사의 설명을 들을 수 있었다. 나무에 대한 설명이 무슨 재미가 있을까 싶었지만 유정물이든 무정물이든 모든 대상에는 역사가 깃들어 있고 이야기를 품고 있어서 귀를 쫑긋 세우고 들었다.

임학자 임경빈[1922~2005] 선생의 『이야기가 있는 나무백과』는 나무에 담긴 이야기를 잘 보여준다. 저자는 산업화 이전 한국의 자연과 친숙한 세대여서 그런지 나무에 얽힌 체험담이 적지 않은데, 그중 가장 인상적인 이야기가 청미래덩굴에 얽힌 추억이다.

저자는 청미래덩굴 하면 슬픈 추억이 떠오른다고 했다. 스물한 살 되던 해 여름방학 때 시집간 여동생이 아프다는 소식을 듣고, 맏며느리 노릇을 하느라 아파도 못 쉴 동생을 걱정하여 친정으로 데려와 요양시키기로 한다. 저자는 동생을 데리러 가는 길에 있는 너무도 많은 청미래덩굴을 보고는 동생이 이 길로 시집갈 때를 상상했다. 집안 형편이 어려워 값싼 인조 치마를 입혀 보냈는데 그것이 덩굴 가시에 찢겼을 일을 생각하며 안타까워했다. 동생을 데리고 집으로 돌아오는 길에 동생은 이것저것 가리키며 그것이 다 자기 시집 것이라고 자랑했다. 그러나 오빠는 그런 동생의 자랑이 친정에 걱정을 끼치지 않으려고 하는 행동임을 안다. 땀을 뻘뻘 흘리며 힘들어하는 동생을 보면서 오빠는 동생의 병이 얼른 회복되기를 바란다. 동생을 고향집에 데려다주고 대학으로 돌아온 오빠는 비가 주룩주룩 내리는 캄캄한 여름밤 슬픈 전보를 받는다.

넓은 광양 학술림에는 이보다 훨씬 많은 이야기가 숨어 있을 것이다.

좋은 일들이 겹치다보니 시간이 지체되어 귀로가 자꾸 늦어졌지만 볼 것을 보지 않을 수는 없었다. 학술림 옆에는 한국 풍수의 창시자인 도선국사가 머물렀던 옥룡사가 있다. 명풍수가 자기 살 곳은 어떤 곳에 잡았는지 궁금했는데 그것을 확인할 수 있는 기회였다. 옥룡사로 올라가는 길에는 국내 최대라는 동백 숲이 있다. 유명한 고창 선운사의 동백 숲을 압도하는 규모다. 이 동백 숲은 비보裨補를 위해 만들어졌다. 비보란 어떤 지역의 풍수상 결함을 보완하기 위해 숲을 만들거나 물길을 여는 일을 의미하는데, 한국 전통 풍수의 가장 중요한 특징이다. 옥룡사는 동백 숲 위에 자리잡고 있는데 지금은 모든 지상 건물이 사라지고 터로만 남았다. 옥룡사 터는 남쪽만 트여 있고 다른 쪽은 모두 산으로 둘러싸여 있다. 이곳이 과연 명당인지는 알 수 없지만 절터가 높이 앉아 있어서 밝고 시원한 느낌을 주었다. 집을 지어 살기에 좋은 곳인 듯싶다.

돌이켜보면 여행은 결국 사람과의 만남이다. 누구랑 가느냐 누구를 만나느냐가 가장 중요하다. 유익한 문답과 대화, 때때로 터지는 웃음. 사람을 알려면 그 사람 곁에 누가 있는지 보면 된다. 그 곁이 그 사람이고 그의 삶이다. 권력을 추구하는지, 돈을 추구하는지, 아름다움을 추구하는지, 인간을 추구하는지. 나중에 후회하지 않을 인생을 살려면 수시로 주변을 둘러보아야 한다. 이번 답사는 성실하고 착한 학생들과, 소박한 삶을 살면서 자기 길에 열심인 사람들과 함께 했다. 덕분에 내 삶도 아름다워졌다. 거기에 광양 불고기와 섬진강 재첩국까지. 눈과 귀에, 그리고 입술과 혀에, 머리와 가슴에 여행이 오래 머물러 있었다.

모든 일에 선후완급을 따져보라

아버지는 내 고향이 함양이라고 말씀하시지만 나는 어린 시절 가장 오래 살았던, 부산 동래 명륜동의 시싯골을 고향으로 느낀다. 다섯 살 때 대구에서 부산으로 이사 와서 대학 진학 때까지 이곳에 살았다. 부모님은 이후에도 십수 년을 더 사셨으니, 우리 가족은 그곳에서만 30년을 살았다. 지금은 여기도 고층 아파트가 숲을 이루고 서 있지만, 어릴 적 아랫동네에는 미나리 밭이 있었고 나는 해가 넘어가도록 동산에서 뛰어놀았다. 동네 여기저기서 밥 짓는 연기가 피어오르면 멀리서 밥 먹으러 오라고 부르는 어머니의 목소리가 들렸다. 그 소리를 듣고도 밤이 깜깜해질 때까지 놀다가 흙먼지투성이가 되어 집으로 돌아왔다. 지역마다 차이는 있겠지만 이런 기억이야 그때 사람들은 거의 비슷할 것이다.

고등학교를 졸업하고 서울로 대학을 갔으나 졸업 후 진로를 찾지 못하고 낙심하여 집으로 돌아왔다. 대학을 졸업하며 그리 경쟁이 치열하지도 않은 대학원에 낙방했다. 어렵지도 않은 시험 하나 통과하지 못했으니 도대체 앞으로 무슨 일을 할 수 있을까 싶었다. 일단은 낙향하여 부모님 집에 머물며 군 입대를 기다렸다. 본가로 돌아와 문밖은 나가고 싶지도 않았으나, 오랜만에 돌아왔으니 주변에 인사를 다니지 않으면 안 되었다. 우리 동네 입구에 사시는 일가 어른 댁을 찾았다. 그 댁 할머니가 일가인데, 할아버지는 독립운동을 하신 분으로 부산대학교 교수로 계시다가 중풍을 맞아서 오래 병석에 계셨다. 그때는 그 할아버지를 그 정도로만 알았다.

방으로 들어가 할아버지께 절을 올리고 말씀을 기다렸다. 할아버지는 어눌한 어조로 '선후완급先後緩急'을 말씀하셨다. 인생에 있어서 어떤 일이 중요한지, 어떤 일을 급히 하고 어떤 일은 천천히 할지 생각하며 살라는 말씀이셨다. 병석에 계신 지 10년이 넘었건만 눈빛만은 형형했다. 머리맡에는 매천 황현의 절명시 제3수를 바꾸어 쓴 것이 액자에 담겨 걸려 있었다.

짐승은 슬피 울고 산천은 찡그리니鳥獸哀鳴海嶽嚬

무궁화 우리나라 망하였도다槿花世界已沈淪

가을 등불에 책을 덮고 역사를 돌아보니秋燈掩卷懷千古

지식인으로 살아가기 참으로 힘들구나難作人間識字人

매천이 망국의 한을 품고 자결을 결심하고 지은 시가 위와 같은데, 할아버지의 액자에는 마지막 구절이 "원컨대 항전인으로 살리라願作人間抗戰人"로 바뀌어 있었다. 매천은 조국을 걱정하며 자결하고 말았지만, 할아버지는 끝까지 저항하다 죽으리라는 각오를 다진 것이다. 할아버지께서 막 사회로 나가려다 좌절한 내게 죽비를 들어 치신 듯했다. 이로부터 나는 매사에 경중을 돌아보게 되었고, 매번 삶의 의미와 가치를 생각하며 살게 되었다.

좌우명이란 어찌 보면 별것이 아니다. 무도한 하나라 걸왕을 쫓아내고 새로 은나라를 세운 탕왕이 세숫대야에 새겨놓았다는 글귀가 "날마다 새로워지라, 그리고 또 새로워지라" 즉 '일신우일신 日新又日新'이다. 중국사에서 신하로서 임금을 '폭군'으로 몰아 쫓아낸 첫 인물이 탕왕이니, 자신도 자칫하면 쫓겨날 수 있음을 경계하지 않았나 한다. 좌우명은 모르는 말이 아니라 잘 알면서도 쉬 잊어버리는 말이다. 그날 이후 "모든 일에 선후완급을 따져보라"가 내 좌우명이 되었다.

이듬해 할아버지께서 돌아가시고야 그분이 어떤 분인지 조금 알게 되었다. 독립운동가이자 민주화운동가로 부산 경남 지역에서 명망이 높은 분이었다. 성함은 이종률이고 호는 산수로, 1928년 11월 도쿄, 서울, 대구에서 조선인 차별 반대와 조선 독립을 주장하는 학생들의 동맹휴학을 지원한 '전국학생맹휴옹호동맹사건'과 관련해 치안유지

법 위반으로 10개월 간 서대문형무소에 투옥된 일이 있었다. 또 1961년 박정희의 5·16 군사 쿠데타 이후 민족자주 통일 운동의 일환으로 민족일보 창간을 주도해 이 때문에 국가재건최고회의 혁명검찰부에 검거되어 사형을 구형받았고 10년 실형을 선고받았으나 1965년 형 면제로 석방되었다. 1974년 독립운동가 안희제 선생의 생가를 찾아 의령으로 답사를 갔다가 뇌졸중을 만나 누우셨고 1989년 돌아가셨다.

우리집이 처음 시싯골로 이사 올 때 그 동네에 집을 짓기 전 반년 남짓 할아버지 집에 세를 들어 살았다. 다섯 살짜리 개구쟁이였던 나는 그 짧은 기간에도 사고를 많이 쳤다. 그 댁 개에 물리기도 했고, 봉합 수술을 받고 나오니 어른들이 잘 견뎠다며 용돈을 주시기에 그 돈을 들고 펄쩍펄쩍 뛰며 가게로 가다가 넘어지는 바람에 다시 얼굴이 찢어져 꿰매기도 했다. 최근 고등학교 은사를 뵙고 이야기를 나누다가 우연히 할아버지 얘기가 나왔다. 은사께서는 내가 고등학교 1학년 때 막 대학을 졸업하고 부임하셨는데, 학생을 대하는 태도나 의식이 여느 선생님들과는 달랐다. 권위적이지 않고 한 인격체로 학생을 대하셨다. 부산대학교를 졸업한 분이라 혹시나 해서 산수 선생을 아시는지 여쭈었는데, 도리어 펄쩍 뛰면서 어떻게 그분을 아느냐고 반문하셨다. 자초지종을 말씀드렸더니 대학 다닐 때 그 댁을 출입했다시면서 당신이 가지고 있는 선생의 저서를 보내주겠다고 말씀하셨다. 은사께서 보내주신 산수 선생의 저술을 읽고 보니 선생은 한편으로 비판적이고 날카롭지만 다른 한편으로는 한국 민중에 대해 따뜻한 시선을 지닌 분이셨다.

산수 선생은 우리 민중의 조공협동적助公協同的 미덕을 거듭 강조했다. 어려움이 닥치면 힘을 합쳐 문제를 풀어나가는 선량한 백성으로 한국 민중을 바라보았다. 당신이 옥중에 계실 때 할머니가 동네에서 가게를 운영하며 생계를 이었는데, 일을 도와줄 사람이 따로 없어서 물건을 받으러 나가면 가게를 비울 수밖에 없었다. 그럴 때면 동네 사람들이 빈 가게에 와서 알아서 돈을 놓고 물건을 가져갔다고 한다. 그 가게는 뒤에 김상찬 선생이 운영했는데, 당시에는 선생이라는 호칭이 지금처럼 널리 사용되지 않아서 가게 주인을 왜 선생이라고 부르는지 어린 마음에 의아했다. 그런데 책을 읽고 나니 비로소 이해가 되었다. 김상찬 선생은 기자, 영어 교사 등을 하셨으나 통일 민주화운동에 헌신하며 갖은 고초를 겪는 동안 가게를 운영하셨던 것이다. 산수 선생은 제자가 그렇게라도 살아갈 수 있게 도왔다.

고향은 가장 잘 아는 곳인 듯하지만 실제로는 잘 모르는 곳이다. 다시 돌아간 고향에서 큰 깨달음을 얻었다.

집으로 돌아오며

이제 집으로 돌아갈 때다. 밖이 아무리 좋아도, 밖에서 아무리 훌륭한 깨달음을 얻어도 결국 집으로 돌아가야 한다.

하루는 대학생 큰아이가 아이패드에 그린 자기 그림을 보여주었다. 여자아이 둘이 리프트를 타고 도시로 내려오는 장면이다. 그림 설명을 부탁하니 자기 꿈이란다. 새벽에 우리 식구가 우주에서 집으로 내려오는 장면이라고 했다. 우주 여행을 마치고 집으로 돌아가는 길이다. 아이들 뒤에 우리 부부가 앉아 있으나 그림에는 넣지 않았다고 한다. 리프트가 바람을 받아 흔들리며 내려가는 순간이 상쾌하고 또 멀리 도시의 풍경이 아름다워서 동생이 사진을 찍어 인

스타그램에 올리겠다고 말하는데, 그런 동생이 귀여워 자기가 그윽이 쳐다보는 장면이라고 했다.

지상으로의 귀환이자 집으로의 귀가다. 가족 모두 행복이 충만한 채 집으로 돌아가는 중이다. 귀환이 이렇게 행복하다면 그전의 여행은 어찌되어도 상관이 없다. 돌아올 때의 내가 출발할 때의 나와 달라져 있다면 그 여행은 성공한 여행이다.

행복한 귀환이 있는 한 여행은 늘 아름답다.

나의 문학 답사 일지

배움을 찾아 떠난 국문학자의 여행

ⓒ 정병설 2023

1판 1쇄 2023년 4월 27일 | 1판 2쇄 2024년 8월 30일

지은이 정병설
기획·책임편집 구민정 | 편집 임혜지
디자인 강혜림 최미영 | 저작권 박지영 형소진 최은진 오서영
마케팅 정민호 서지화 한민아 이민경 안남영 왕지경 정경주 김수인 김혜원
        김하연 김예진
브랜딩 함유지 함근아 박민재 김희숙 이송이 박다솔 조다현 정승민 배진성
제작 강신은 김동욱 이순호 | 제작처 상지사

펴낸곳 (주)문학동네 | 펴낸이 김소영
출판등록 1993년 10월 22일 제2003-000045호
주소 10881 경기도 파주시 회동길 210
전자우편 editor@munhak.com
대표전화 031) 955-8888 | 팩스 031) 955-8855
문의전화 031) 955-2696(마케팅) 031) 955-2671(편집)
문학동네카페 http://cafe.naver.com/mhdn
인스타그램 @munhakdongne | 트위터 @munhakdongne
북클럽문학동네 http://bookclubmunhak.com

ISBN 978-89-546-9219-9 03910

www.munhak.com